樋口裕一

「頭がいい」の正体は読解力

GS
幻冬舎新書
575

はじめに

読解力、すなわち、物事を読み取り、理解する力。これこそが人間社会で生き抜くために不可欠な力だと断言してよかろう。

人間は、日々、読み取って生きている。周囲の人間関係を読み取り、社会現象を読み取り、自然現象を読み取っている。そして、もちろん文章を読み取り、図表を読み取っている。これらの力があれば、現代社会を生き抜いていける。読み取ることができなければ、物事を理解することができず、あらゆることに関して、手をこまねいているほかはない。

つまりは、読解力のある人が、社会では「頭がいい人」とみなされる。読解力のない人が、愚かな人とみなされる。

普通、「読解力」という言葉は、狭義に解されて、「文章を読解する力」を意味する。

それには理由がある。すべての現象を読み取る力の基本になるのが、文章を読み取る力だからだ。文章を読み取ることのできる人は、様々な現象を読み取ることができる。文章の中の様々な要素を結び付けて、その文章の内容を把握し、筆者の主張を理解することと、様々な現象を理解して、その背景にあるものを読み取る力は通底している。

端的に言ってしまえば、文章を読み取れる人は様々な現象が読み取れる頭のいい人であり、文章を読み取れない人は、様々な現象を読み取れない愚かな人ということになる。

ところが、近年、現代人の読解力不足が指摘されている。専門書はもちろんのこと、新聞や雑誌に掲載されている普通の記事も読み取れない。もちろん、周囲の人間関係も社会現象も読み取れない。そんな人が増えている。言い換えれば、愚かな人が増えている。

では、どうすれば読解力をつけることができるか。どうすれば、文章や人間関係や社会現象を読み取ることができるようになるか。どうすれば、頭のいい人になれるのか。

そうした問題意識のもと、語彙力をつけ、文章を書く力をつけ、文章を読解する力をつけることを目的として編んだのが本書だ。

実社会で必要な読解力を身につけるには、辞書の中の語句を覚えても、あるいは中学・高校の国語の問題集を仕上げても意味がない。実際に言葉を使ってみるのが最も効率的だ。野球やサッカーの試合を見るだけでは、深く見ることはできず、実際にプレイしてこそ、深く見ることができる。それと同じように、実際に様々な語彙を用い、文章を書いてこそ、文章を読み取ることができるようになる。

そのため、本書では、実際に言葉を使う語彙問題、小論文問題を解いて、自然に読解力がつくように工夫している。

私は30年以上前から大学受験生の小論文を指導してきた。現在では、様々な機関で小学生から大学生、社会人までの文章指導を行っている。そうすることで、多くの人の読解力を伸ばしてきた。本書にはそうして培ってきたノウハウをつぎ込んだ。

多くの人が読解力を伸ばし、「頭がいい」とみなされるようになるために本書を役立ててくだされば、著者としてこんなに嬉しいことはない。

「頭がいい」の正体は読解力／目次

第四章 読解力を鍛える 121

第五章 読解力を使いこなす

DTP　美創

第一章

なぜ日本人の読解力が落ちているのか

教科書が読めない子どもたち

日本人の読解力が落ちている！　そのようなことが話題になる。先ごろ、教科書を読み取れないために、科目の内容を理解できず、数学の問題を解けない生徒が話題になったが、それは教育に携わっている人間にとっては、今さら驚くほどのことではない。日常的にそのようなことを経験している。生徒たちの読解力が壊滅的であるというのは、教育に携わる者にとっては残念ながら常識だ。

複雑な要因が絡むので、数値を示して、日本人の読解力が落ちていることを証明するのは難しい。

「たまたま自分の教えている生徒たちの偏差値が下がって、日本全体のレベルが下がっているかのような錯覚を抱いているだけなのかもしれない」

「かつての日本人はもっと読み取れたと勝手に思い込んでいるだけなのかもしれない」

「今の若者には不向きな教材を使ったためにたまたま読み取れなかったのかもしれない」

なども疑ってみる。だが、やはり、どう考えても、今の若者の読解力は壊滅的としか考えられない。教員が集まると、誰もがそれを常識としてとらえている。日々、その証拠を目の当たりにしている。

新聞を読めない。記事の内容が難しくて理解できないだけではない。「天声人語」などのエッセイも文意を理解できない。筆者の主張を正反対にとらえる生徒もかなりいる。文中でたまたま目についた箇所をその文章の主張だと思い込む生徒も多い。教科書ももちろん理解できない。家電の取扱説明書も理解できない。それどころか、多くの若者がものを読んで理解するという行為を苦手としている。

教科書や学習参考書は文字が大きくなり、図版が増え、急激に文章による情報を減らして、わかりやすくなっている。だが、それでも理解できない生徒が増えているので、ますます易しい教科書や参考書が求められるようになる。学習参考書の出版社は競って易しい言い回しの読みやすい本を作ろうとする。それでも理解できる人が減っている。

私は大学受験小論文の指導をしているが、実感としては、新聞記事や教科書をほぼ誤りなく理解して読める高校生は難関校と呼ばれる大学（関東でＭＡＲＣＨ、関西で関関同立と呼ばれる大学）に合格できるレベルの生徒たちだ。そのような難関校に届かない生徒の大半は、易しい文章であってもしばしば読み取れないことがあると考えて間違いない。

原因は読書量の決定的な不足

なぜ、読解力が落ちているか。

言うまでもないことだが、読書量の決定的な不足がその原因だろう。

スマホが普及する前は、あれこれ言われながらも、日本人はそれなりには本を読んでいた。少なくとも新聞を読み、雑誌を読んでいた。低俗な雑誌や新聞も多かったが、ともあれまとまった文章を読んでいた。大ベストセラーになる書籍もしばしば現れた。読書が趣味という人は大勢いた。小説が多くの人の話題になっていた。

だが、今ではそのようなまとまった文章を読む人は少ない。新聞は発行部数を大幅に減らし、雑誌の多くが廃刊に追い込まれている。電車の中でも、新聞や文庫本などを読んでいる人を見かけることはほとんどない。乗客のほぼ全員がスマホをのぞき込んでいるというのは、今はごく日常的な電車内の光景だ。

ネット内を駆け巡る文章は、短文がほとんどだ。複雑な状況を語ったり、深い思念を語ったりする文章はネット内にはみあたらない。一目で理解できるような文章だけが幅を利かせている。

これでは読解力が養成されるはずがない。多くの若者が学校の教科書と試験くらいでしか文章を読まない。文章を読む習慣を持っていない。

読むことは思考すること

しかし、言うまでもないことだが、現在でも文章を読むことは大事だ。

文章を正確に読み取れないと、人の意見を理解することができない。日常生活での会話さえもしばしば誤解するといったことが起こるだろう。人の語っていることが理解できず、大きく曲解してトンチンカンなことを言う人がいるが、それは読解力のない人だ。きっとそんな人は周囲からバカな人間と思われているだろう。

いや、そもそも文章を理解できないと、日常生活に支障をきたす。役所からの知らせ、銀行からの通知さえも理解できないことになる。そして、そもそも読書という、人類が数百年前から行ってきた最大の楽しみを味わうことができないことになる。文学作品を理解できず、ミステリーの醍醐味を知らず、恋愛小説の恍惚も知ることができない。

そして、それ以上に、文章をしっかり読まないと、この複雑な現実世界を理解することができない。簡単な図式や数百字の文字で人間の心や社会のあり方を理解することはできない。

現在起こっていることを理解し、その複雑な関係を把握し、これから先の行動について推論し、自分の意見をまとめるには、新聞を読み、専門誌を読み、専門書を読みこなす必要がある。それができてこそ、現実を分析し、将来についての展望を持つことができる。それができてこそ、専門家の意見を参考にして自分の考えをまとめることができる。

言うまでもなく、文章は思考そのものの跡を示す。

文章をたどれないということは、他人の思考をたどれない、つまりは他人の思考について思考できないということにほかならない。言い換えれば、自分で考えることができないということでもあるだろう。

あらゆることを読み取って生きる現代人

現代人はあらゆることを読み取りながら生きている。読み取りにたけた人間が頭のいい人間であり、優れた人間であり、できる人間だといってよいだろう。

たとえば、人と話しているとき、顔の表情、ちょっとしたしぐさ、言葉の使い方などから、その人の気持ちを読み、その場の雰囲気を読む。これも言うまでもなく読み取りにかかわる。これは人の心の読解力にほかならない。

人間関係を読むのも読解力にかかわるといってよいだろう。今、誰と誰がどのような友情関係、恋愛関係にあるのか、ある出来事によって力関係はどのように変化したか。頭のいい人間はそれを読み取ることができる。

みずからの会社の商品の市場でのあり方、会社の進むべき道なども、もちろん読むべきことがらの大きなものだ。これらを読んでこそ、的確に現状を把握し、これからの方向性を定めることができる。

そもそも仕事のほとんどは読み取りにかかっている。太古であれば、空の様子、周囲の動植物の動きなどから、これから先の天気を読み、周囲の状況を先読みして、自分の行動を決めただろう。それにたけた人間が知的な人間として力を得ることができただろう。

現代人はもっと複雑な読み取りを行っている。様々なデータを読み取り、現状を理解し、自分の取るべき行動を決め、その影響を読み取る。他人の書いたレポートを読み取り、会議で他人の話を聞き、状況を読み取る。読み取りに成功したら組織はうまくいき、失敗したら組織はぎくしゃくしていく。

天気予報も株価予測も科学的な実験もすべて、ばらばらの兆候を再構築し、そこから意味を取り出し、検証してその全体像を読み取っていく。実はこのような解析、分析、理解などと呼ばれる行為はすべて大まかには読解といってよい。

人間は日々読解して生きており、読解力によって物事を理解し、そうすることで行動を決めている。

読み取るとは、まずは様々な断片的な兆候を発見し、その断片をつなぎ合わせ、そこに一つの意味ないし方向性のようなものを見つけることから始まるだろう。そして、いくつもの兆候の関連性、相関性、因果関係を組み立て、論理的な整合性を見つけ出す。仮説を立てて自分の考えが正しいかどうかを確かめながら、先を読んで、自分の読解が正しいかどうかを見極める。それを経験的に積み重ねるうちに正しい読解ができるようになる。

このような作業を誰もが行っている。

そして、言うまでもなく、文章の読解もこれとまったく同じ筋道をたどる。文章を読み取るとき、まず一つ一つの単語の意味を明確にする。それを取り違えると全体を読み違えてしまう。次に、それを文法的に組み立てた一つの文の意味を明確にする。そして、いくつかの文を理解し、書いた人間の主張しようとしていること、はっきりとは言わないまでもかすかににおわせようとしていること、あるいは時には、その人がかすかに思っていることを読み取る。場合によっては、文章力のある人間、観察力のある人間は、その文章の中に、書き手が隠したいと思っていることまでも読み取るだろう。

ある「読めない」若者

私はある若者のことを思い出す。

その若者は私が講師を務める、ある文章講座を受講していた。真面目そうな若者だったのだが、まずは質問魔としての面を示し始めた。

私の講座のあり方、私の指導方針、講座で私が語ったことのそれぞれについて質問してくる。ほかの誰もが納得してくれることにも納得せず、「こんな場合にはどうなるのか」などと、ありそうもない状況を設定して説明を求める。質問がいつまでも続いて、なかなか解放してくれない。

次にその若者はほとんどクレーマーといってもいいような面を見せた。私が講義中に話した内容に矛盾があると指摘してくる。もちろん、それは矛盾ではない。それどころか、きわめて納得のいく論理のはずだ。ほかの受講生はみんなが納得している。だが、その若者一人は納得しない。ほとんど難癖としかいいようのない攻撃をしてくる。

そのような時期、600字程度の簡単な文章を読んで、それについて論じる文章を講座で書いてもらうことにした。小論文試験に最も多いタイプの形式だ。簡単な添削をし、点数をつけて返却することになっていた。

その若者の書いた答案を見て驚いた。中学生でも簡単に理解できる文章を題材にしているので、ほかの受講生で読み違えている人はいない。だが、その若者はこの易しい文章をまったく理解できていなかった。

それを指摘し、読み違えていることを説明しても、その若者は納得しなかった。辞書で言葉を調べて、「この言葉の意味はこうだから、僕のように解釈できるはずだ」という信じられない解釈を示す。しかも、その解釈があまりに小学生的で、課題文のレベルにはるか達しない。

それが数回続いた。課題文は徐々に難しい文章になっていくので、その若者の小論文はますます的外れの度合いが強くなっていった。そのたびにひどい点をつけて答案を返却せざるを得なかった。

きっと、その若者は私以外の文章指導者にも直訴に行ったのだと思う。そして、きっとほかの指導者も私と同じような指摘をしたのだと思う。そのころからやっとクレームの連続がおさまった。だが、結局、最後までその若者は文章の読み取りがまったくできなかった。ほかの受講生たちはかなりの力をつけたのだったが、その若者は残念ながら、あまり力をつけないまま終わった。

この若者を見ていて、私は、クレーマーと読解力不足は通底するのではないかと思い当たったのだった。

クレーマーの原因は読解力不足？

それまで、私は「クレーマー」と呼ばれるのは、何かを得たいために、自分でも無理だとわかっていながら、あえて激しく抗議する人々だと思っていた。

もちろん、そんな人もいるだろう。だが、一定程度、私の出会った若者のような人間もいるのではないか。読み取りができないために、自分が正しいと信じ、周囲の常識的な読み取りが理解できずに、孤独な攻撃をしているのではないか。クレーマーといわれる人たちに読解力テストをしたら（もちろん、してもらうのは大変難しいが！）、惨憺《さんたん》たる結果が出るのではないか。

クレーマーが増えているといわれる。もちろんそれには、読解力のない人も発信する手段を得たこと、以前は片隅で押し黙っているしかなかった人が権威に対して発信してもよいという意識を持つようになったことなどが原因として挙げられるが、もう一つ、読解力の低下という問題もあるのではないか。

逆に言えば、読解力をきちんとつけ、文章を読み取れるようになれば、状況も人の心も今より読み取れるようになり、多くの人が周囲と健全なコミュニケーションが取れるようになるのではないか。読書というのは、まさしくコミュニケーションの一つの原形を形作っているともいえるものなのだ。

ただ読むだけでは読解力はつかない

では、どのようにして日本人の読解力を養成するのか。どうやって、若者が文章をしっかりと読みこなし、難しい文章も理解できるようにするのか。

もちろん、文章をたくさん読むことが読解力の向上に最も効果的だ。

私自身のことを言えば、読解力を高めるための勉強など意識的にした記憶はない。国語の問題集を解いたこともないと思う。ただ、中学生のころから、おもしろい小説やら世界的名著やら、時には読んでいるのを親に見つかったらこっぴどく叱られそうな読みものやらを手当たり次第に読んだ。そうこうするうち、いつのまにか読解力がついていた。

きっと、ある程度読解力に自信のある人は、私と同じような経過をたどってきただろう。何かの特別な勉強をして読解力をつけた人など、いないに等しいのではないか。

だが、だからといって読書が当たり前の行為でなくなった現在、一昔前に読解力をつけた人のやり方をそのまま若者に強制するわけにはいかない。

そこで私がこれから示すのは、もっと効率的な方法だ。

具体的にはのちに説明するとして、ここでは理念だけを示そう。

私は、読解力をつけるには、言葉を実際に使うこと、文章を書くことが大事だと考えている。

サッカーの試合を深く見ることができるのは、どのような人だろう。もちろん、経験者だ。テレビのサッカー中継にも、かつて名選手として活躍した人が解説者として呼ばれる。

言うまでもないことだが、サッカー経験のない人がサッカーをしっかりと理解して見ることができるとは思えない。経験があるからこそ、選手の気持ちがわかり、いい作戦がわかり、それぞれのチームの作戦がわかり、その潜在力などもわかる。経験のない人がいくらテレビ中継を見ても、解説者の意見を口写しにして語るだけであって、本当の意味で理解しているとは思えない。

つまり、実際にプレイしたことのある人が、正確に、そして深く試合を見ることができるといえるだろう。それと同じで、文章についても、ただ読むだけの訓練をしても、深く読むことはできない。実際に言葉を操作し、文章を書くことによって、文章を理解できるようになる。そうするうちに、文章を読み取れるようになる。

英語の勉強をする場合、文章を読む力ばかりをつけようとしても、本当には読む力はつかない。会話ができるようになり、作文もできるようになってこそ、細かいニュアンスも含めて文章を正確に読むことができるようになる。

読み取るだけでは、細かいニュアンスはわからない。自分でしゃべり、人の話を聞いているうちに、それが皮肉を交えた言い方なのか、真面目な言い方なのか、ちょっと古風な言い方なのか、今風の言い方なのかがわかってくる。そうすると、文章を読むとき、筆者はどのような思いでその言葉を使っているのかがわかってくる。

私は様々な機関で小論文指導を行っている。論理的に文章を書く方法を教え、様々な課題に取り組んでもらう。そうするうちに、多くの受講生が高度な小論文を書けるようになる。

ところが、それ以上に、読解力が上がるという効果がある。受講後のアンケートに、「結局、小論文試験では失敗したが、小論文を勉強したおかげで国語の成績が上がったので、小論文が受験科目にない難関校に合格できた」というコメントがしばしば寄せられる。実は私自身、このようなコメントを読んで、書くことがいかに読解力養成に効果があるのかを認識したのだった。

第二章から、そのような認識に従って、実際に言葉を使うこと、文章を書いてみることを重視した読解力養成の方法を示すことにする。

第二章

語彙力を鍛える

語彙力とは言葉を自分のものにする力

読解力を自分のものにするために最初に取り組むべきなのは、語彙力を養うことだ。

とはいえ、私は「四面楚歌」やら「捲土重来《けんどちょうらい》」などという故事成語や、「他山の石」などのことわざを正確に知っていたり、使えたりすることが大事だとは思わない。また、日常的に使わないような難読漢字の読みを知っていたり、「憂鬱」という字を書けたりしたところで、たいして意味があるとも思わない。

そのような言葉を知っていても、実際に日常生活で使う機会はないし、そんな言葉を使ったら、むしろ場違いになってしまうだろう。それを知っていたからといって、ちょっとした蘊蓄《うんちく》を語り、物知りを気取れるだけであって、それ以上の意味はない。読み取りができるようになるとも思わない。

文章を読み取れない人は、一つ一つの言葉の辞書に出てくるような意味が理解できないのではない。むしろ、その連なりを理解できない。言葉のつながりを身をもって理解することができず、それが頭に入らない。だから、言葉の辞書的な意味を覚えることが問題ではない。言葉を自分のものにすること、使えるようにすることが問題なのだ。

「言い換え力」を鍛える

私が、言葉を使えるようにするために鍛えているのは「言い換え力」だ。

人は言葉によって人の能力や人柄を読み取る。その際、手掛かりになるのは、ほぼ同じような内容をどのような表現を用いて語るかだ。

「俺、そんなこと知らねえよ」というのと、「僕、そんなこと、知らないです」「私はそのようなことを存じ上げません」「私はその件についての知識を持っておりません」というのでは、まったくニュアンスが異なる。

人はそのような文体を使い分けて生きている。同じ人間でも、状況によって、相手によって、自分の気持ちによって、表現を使い分ける。その場にふさわしい言い方をする。そして、話している相手にそのような自分をアピールする。

あるいは逆に、そのような言葉を聞いて、人は他人を判断する。そのような表現によって、その意味内容を理解するだけでなく、「この人は気さくな人だ」と思ったり、「下品な人だ」とか「知的な人だ」と思ったり、「油断できない」と思ったりする。会話というのは、相手にそう思わせようと思ったり、それに失敗したり、つい本音を漏らしてしまったりといったことの連続であり、それをどう読むかの連続なのだ。

言葉遣いは化粧である

言葉を使うというのは、ある意味で、化粧をすることだ。

もちろん、化粧をしないで「すっぴん」のまま人前に出ることがあるように、ありのままの考えをまっすぐに語ることもある。他人からどう思われようと気にしないで、思いをそのままぶつけるような場合だ。その場合には、まずは自分の言いたいことをしっかりと相手にわからせようとするだろう。

だが、多くの場合、語る人は、少しいろどりをつけて相手に言葉を与える。相手がどう考えるか、相手にどう考えてほしいかを加味して言葉を練る。思った通りのことを語るのでなく、少し言葉を改める。相手を傷つけないようにしたり、逆に傷つけようとしたり。へりくだってみせたり、逆に相手を威圧しようとしたり、しっかりと理解してもらおうとしたり。

ともあれ、相手にどう思われたいか、自分がどういう人間であると思わせたいかによって、言葉をいじる。そうした様々な言い換え、様々な言葉の雰囲気を知って、それを状況に応じて使い分ける。そこに口調が生まれ、その人の個性が生じ、文体ができる。

言葉を受け取る人は、まっすぐに理解しようとすることもあるし、語る人間のそのような語彙によって、その表現の奥にある意味を受け取ることも多い。その人の言いたいこと、遠回しににおわせようとしていることを理解する。時には、語っている人が隠しておきたいと思っていることも、その言葉遣いから理解する。このように、語彙の使い分けを知っているからこそ、正確に読み取ることができる。

したがって、言葉の力をつけるためにも、そして読解力をつけるためにも、一つの言い方ではない、もっと別の表現があることを知り、様々な表現を自分のものにすることが大事なのだ。そうすることによって語彙が身につき、読解力がついてくる。

以下、練習問題を用意している。もちろん、ここに示した問題だけで語彙力が養成できるわけではない。ここに取り上げるのは、日本語の語彙のほんの一部だ。

だが、ここで示された問題を頭の片隅において、日常生活を送っていただきたい。たとえば、テレビで人の言葉を耳にしながら、これから示す問題を考えてほしい。そして、「これを別の表現で言うとどうなるだろう」と考えてみてほしい。問題に取り組む。それだけでは網羅できない。そうであっても、こうした練習をすることによって、言葉に敏感になり、他人の表現が記憶に残るようになり、徐々に語彙が増えていくだろう。

私は、単に辞書にある単語を覚えても語彙は豊かにならないと考えている。ゲーム感覚で、自分の頭を動かして考えてこそ、記憶に残り、それが自分の語彙になっていく。

なお、それぞれの問題に解答例を付けるが、実を言うと、私は、ほとんどの場合、解答例は必ずしも不可欠というわけではないと考えている。むしろ、これらの問題を契機にあれこれと言葉について考えてみることのほうが大事なのだ。答えを見て、それを覚えようとする必要はない。「あ、なるほど。こんな答えがあるんだな」と思ってくれればよい。これらは答えを覚えるための問題ではない。言葉に対する意識を敏感にするための問題だ。自分の出した答えが答えとしてあっているかどうかはたいしたことではない。そのつもりで解答例を見ていただきたい。

問題1 敬体を常体に、常体を敬体に改めてください。ただし、「終止形+です」の形は避けてください。

（1）これからも現在の状況が続くのでしょうか。
（2）そんなことはまだ経験したことがありません。
（3）その店のまかない飯はおいしかった。
（4）昨日見た景色は美しかった。

出題意図

常体と敬体。日本語の文体の基本だ。言うまでもないことだが、「そうだ」というのと、「そうです」というのとでは、会話でも文章でもまったく雰囲気が異なる。会話の場合、常体で語ると「タメ口」ということになる。たとえば、芥川龍之介の『蜘蛛の糸』は「ございます」といった敬体で書かれているが、あれが常体だったら、まったく別の作品になるだろう。

解答例

文章を読み慣れ、書き慣れた人間であれば、敬体と常体をごっちゃにすることはない。だが、文章に無関心な人は、無意識のうちに両者が入り交じったりする。この使い分けは文章力の最低限をクリアしているかどうかの基準になる。

ところで、今回の問題に、「終止形＋です」を使わないようにという指示を出した。

この形は昭和中期までは文法的に誤りとして強く非難されていた。現在では、多くの人が使用するために許容されているが、この形を文章にすると、あまりレベルが高くない。「昨日、遠足でした。楽しかったです」「私は立派な大人になりたいです」というような、子どもじみた文体になってしまう。話し言葉として使うぶんにはまったく問題ないが、公式の文章などでは避けるのが望ましい。

そのような場合には、少し工夫が必要だ。「楽しいです」ではなく、「楽しいのです」「楽しく感じられます」などとするほうがよい。このような言い回しをできることが、社会人の第一歩といって間違いない。

（1）これからも現在の状況が続くのだろうか。
（2）そんなことはまだ経験したことがない。
（3）その店のまかない飯はおいしいと思いました。／その店のまかない飯をおいしくいただきました。／その店でおいしいまかない飯を食べました。
（4）昨日見た景色は美しいと思いました。／昨日見た景色は美しく感じました。／昨日、美しい景色を見ました。

解説

「終止形」で終わるものを敬体にするときには、「と思いました」などとするとよい。または、「美しかったです」でなく、「美しかったのです」などにすることもできる。

いずれにせよ、（3）など、「おいしかったです」と書くのと、「おいしくいただきました」と書くのとでは、知的レベルの差が感じられるだろう。これを意識して文章を書くと、レベルが高まる。口頭で話をするときにも、少し意識すると、格調高い言葉になるだろう。

問題2 （　　　）を埋めて、具体的な例を示してください。

（1）私の妹は怖がりだ。たとえば、（　　　）。

（2）私の部下のA君は難しいことにぶつかると、すぐに投げ出す。先日は、（　　　）。

（3）新聞を読む人が減っている。先日も、（　　　）。

（4）娯楽が多様化したために、みんなが理解できる話題が少なくなっている。たとえば、（　　　）。

出題意図

文章を書くときも読むときも、具体と抽象の間を行き来する。ほとんどの文章は抽象的なことを書いたら、その後、具体例を交えて説明し、逆に具体的なことを書いたら、あとで抽象化する。それを繰り返している。

あるいは、文章を読むとき、そこに具体的なことが書かれていなくても、読み手としてはそれを推測しながら読み進む必要がある。文章を書くときも読むときも、常に具体的な内容を意識しておかなければならない。

今回は、初めに抽象化された文を提示する。想像でかまわないので、その後に具体的な例を示していただきたい。ちょっと大げさなおもしろい例を考えるといいだろう。実際に文章を書くときなどは、そのようにして例を見つけ出していくはずだ。

解答例

（1）高校生になるのに、夜、一人でトイレに行けない／ちょっとした物音がしただけでびくっとして身を震わせる／お化け屋敷に一度も入ったことがない／ホラー映画のタイトルを見ただけで震えだす

（2）前回に続いて、プレゼンの担当から逃げてすべてを人任せにした／計画案を示すことを命じられていたが、数日後から同僚に任せきりにして、別の簡単な仕事ばかりしている／会議資料のまとめを指示されたのに、手を付けていない

（3）A社の発行部数が30万部にまで落ち込んでいるという報道があった／社内で尋ねたら、12人中、家庭で新聞をとっているのは3人だけだった

（4）部長がプロ野球の話題を振っても、誰も反応しない／大河ドラマの話をしても、誰も

乗ってこない／紅白歌合戦の話をしても、まったく興味のない社員がいた

解説

もちろんこの問題に模範解答などない。以上に示した解答例よりもおもしろい例はたくさんあるだろう。いずれにしても、これまでの自分の経験、テレビで見た光景などを思い出してみる。それを短い言葉で記述する。それができていればよい。

（3）については、新聞を読む人が減っていることを示すような例（データや経験）を示す。

（4）については、ある話題がほかの人に通じない例を示す。

問題3 （　　　）内に、それ以前の部分をまとめるような言葉を入れてください。

（1）うちの妻は掃除を丁寧にして、料理が好きで、庭いじりを趣味にしているが、人と会って話をしたり、家庭の外で活動したりするのは好きではない。つまり、うちの妻は（　　　）だ。

（2）先日訪れたN国の首都では、ホテルの周辺の一等地でも雨が降るとどぶから水があふ

れだしてぬかるみになった。信号がほとんどないので、ぬかるみの中を車が渋滞していた。空港から10キロもないのに、ホテルまで1時間以上かかった。つまり、N国は（　　）。

（3）私がよく行くレストランは3階にあるが、エレベーターで入れるようになっており、段差がなく、入口が広く取ってあり、テーブルとテーブルの間も広い。車椅子の客が食事中だった。つまり、このレストランは（　　）。

出題意図

文章を書くとき、読むときは、具体化とともに抽象化も大事な作業だ。文中に抽象化する表現が現れる場合もある。ないこともある。ないときには、それを読み手が頭の中で補いながら読み進めなければならない。いずれにしても、抽象化は文章の大事な要素だ。

そして、抽象化するとき、語彙力がものをいう。そこでうまくまとめることによって、的確に抽象化することができる。語彙力がないと、まとめがうまく伝わらなくなってしまう。

今回は、文章で示された内容を一言で抽象的にまとめる練習をする。様々な抽象化の仕方があるだろう。文章に示される内容から導き出されることであれば、どのような抽象化でもよい。

解答例
（1）家庭的／内向き／昔気質の女性／古風な女性
（2）途上国だ／経済的に遅れている／インフラが整備されていない／貧しい国だ
（3）バリアフリーだ／障害者への配慮が行き届いている／優良店だ

解説
この問題も答えは多様だ。どの部分に焦点を当てるか、どのくらいの範囲のことがらをまとめるかによって答えが変わってくる。それを含めて、いくつもの答えがあることを考えると、いっそう語彙力がつく。

問題4 次の二つの文を一つにしてください。また、一つの文を二つ以上にしてください。ただし、（1）

「家は青葉台駅からバスで10分ほどのところにありますが、私は近いうちにその家を購入したいと考えています」というような、単に二つの文をつなげただけの文は避けてください。

(1) 家は青葉台駅からバスで10分ほどのところにあります。私は近いうちにその家を購入したいと考えています。

(2) あそこに小さく見えるのが湖です。私は子どものころ、その湖で父と釣りをしたものです。

(3) 知人は多かったが、その中の誰一人親しい人がいなかったので、パーティが終わるまで何もすることがなく、ただ食べたり飲んだりしているだけで、そのうち眠くなって、椅子に座って居眠りしてしまったら、パーティの主賓に声をかけられたのでばつが悪かった。

(4) 私が困っているのは、私たちのグループがプレゼンをする前に各自がしっかりと準備しておくべきなのに、それをしない人がいて、ほかの人に迷惑がかかっているので、その本人にはっきり言ってやらなければならないのに、どう言っていいかわからずにいることだ。

出題意図

二つの文を一つにまとめるのは、英語の授業で関係代名詞の使い方の練習として学んだ記憶のある人も多いだろう。

日常生活においても、このように二つの文を一つにまとめる作業が必要になる。文章を書く場合には特に、この作業をすることによって、文章を簡潔にまとめたり、一つの主語の中に複数の情報を加えたりする。ふだんは意識しないでこの作業をしているが、少し意識して文章を操ってみてほしい。

一方、文章が冗長にならないようにするためには、ふだんから文を短く切る習慣をつけておくほうがよい。そして、このような言い換えができることによって、自在に文を組み合わせて、複雑な文、単純な文を作り出すことができるようになる。自分で使ってみることによって、入り組んだ文を読み取ることもできるようになる。一言で言えば、自在に言葉を操作できるようになる。

なお、英語の関係代名詞を使う場合には、答えは一つだが、日本語の場合には、いくつもの方法がある。いろいろな言い方を試してみてほしい。

解答例

（1）私は、青葉台駅からバスで10分ほどのところにある家を近いうちに購入したいと考えています。／私が近いうちに購入したいと考えている家は、青葉台駅からバスで10分ほどのところにあります。／青葉台駅からバスで10分ほどのところに、私が近いうちに購入したいと考えている家があります。／青葉台駅からバスで10分ほどのところにある家を、私は近いうちに購入したいと考えています。

（2）あそこに小さく見える湖で、私は子どものころ父と釣りをしたものです。／あそこに小さく見えるのが、私が子どものころに父とよく釣りをしていた湖です。／私は子どものころ、あそこに小さく見える湖で、父と釣りをしたものです。／あそこに、私が子どものころによく父と釣りをした湖が小さく見えます。

（3）知人は多かったが、その中の誰一人親しい人がいなかった。だから、パーティが終わるまで何もすることがなく、ただ食べたり飲んだりしているだけだった。そのうち眠くなって、椅子に座って居眠りしてしまった。すると、パーティの主賓に声をかけられたのでばつが悪かった。

（4）私たちのグループがプレゼンをする前に各自がしっかりと準備しておくべきなのに、それをしない人がいる。ほかの人に迷惑がかかっているので、その本人にはっきり言ってやらなければならないのに、どう言っていいかわからない。そのことで困っている。／私たちのグループがプレゼンをする前に各自がしっかりと準備しておくべきなのに、それをしない人がいて、ほかの人に迷惑がかかっている。私が困っているのは、その本人にはっきり言ってやらなければならないのに、どう言っていいかわからずにいることだ。／私が困っているのは、本人にはっきり言ってやらなければならないのに、どう言っていいかわからずにいることだ。私たちのグループがプレゼンをする前に各自がしっかりと準備しておくべきなのに、それをしない人がいて、ほかの人に迷惑がかかっているのだから。

解説

（1）と（2）については、前の文の中に、後ろの文の要素を入れることもできるし、その逆も可能だ。(1)を例にとると、前の文の冒頭の「家」に、後ろの文の要素を加えるのが最も考えやすい。だが、後ろの文に前の文の要素を加えるように考えると、もっと自然な文が出来上がる。そのほかにもいくつもの方法がある。なお、問題文に「釣りをしたものです」とあるが、この「ものです」は過去の習慣を表わす。文を一つにしてもその意味を残すには、「よく釣りをしました」などとするとよい。

(3)については、意味の切れるところでいったん文を切ればよい。(4)については、主語と述語が遠くに離れて存在する形になっているので、そのままでは文を切るのは難しい。主語に応える形で述語部分を語ったあとに、残りの部分を付け加える形をとるとよいだろう。

問題5 次の文を、漢字熟語などを加えて簡潔な文に改めてください。

(1) それがよいことなのかどうかについては、ちゃんと考えてからはっきりさせたい。
(2) こないだ、めったに人の通らない暗い道を歩いて家に帰っていたら、向こうから知らない男の人がやってきて私の前で立ち止まって、じっと私のほうを見つめた。
(3) 昔からずっと続いている会社のやり方が私にはよいとは思えないので、課長にははっきりとそのようなことはしたくないと言った。

（4）日本中のあちこちの地方都市に同じような店があって、どこでも同じような光景が見られるようになったが、もっと都市ごとに別の光景があってもいいような気がする。

出題意図

話し言葉の平易で冗長な文を、新聞などで用いられる簡潔な文に改める練習だ。

もちろん、このような文体が必ずしもいいわけではなく、時にむしろ硬くてこなれないわかりにくい文になる傾向はあるが、字数を少なくでき、しかも格調高くなることが多い。日常的な砕けた表現とこのような簡潔な文体の両方を使いこなせるようにしておくことが重要だ。

この問題をきっかけにして、ふだんから、他人の話している内容を聞いて、それを少し硬めの文に改める癖をつけたらどうだろう。それを続けるうちに、豊かな語彙を身につけることになる。

こうした表現に敏感になると、文章の質にも敏感になる。書く人間は、自分がどのような文体で書くかによって、それがどのようなターゲットに向けて、どのようなものとして書こうとしているかを示している。砕けた文体を用いるか、それとも漢語を増やして硬い文体にするかを意識している。読解においても、もちろんそれを敏感にキャッチすることが必要だ。実際にそれを使ってみることによって、そのようなニュアンスの違いもまた身につけることになるだろう。

解答例

（1）その是非について熟考したい。／ことのよしあしは熟慮後に判断したい。

（2）先日、人気《ひとけ》のない夜道を帰宅中、向かい側から未知の男が来て、眼前で立ち止まって私を凝視した。

（3）従来の会社の方針に納得できないので、課長にその件は遂行しないと言明した。／昔からの会社のやり方に不賛成なので、私は課長にそのようなことはしたくないと言い切った。／従来の会社の方針が不合理に思えるので、課長にそのようなことは気が進まないとの拒否の意を伝えた。／旧態依然とした会社のやり方が私には合わず、課長にそれについては断りを申し出た。

（4）日本中の各地方都市に同様の店や光景が見られるが、都市ごとに異なる光景があってもよい。／日本中の地方都市が画一化しているが、都市ごとの個性がほしい。／日本各地の地方都市が一律化しているが、都市ごとの光景が望ましい。

解説

「それがよいことなのかどうか」を「ことのよしあし」、「ちゃんと考える」を「熟考する」などと、もっと別の表現はないかを考えてみる。あるいは一つ一つの言葉を改めるのではなく、ひとかたまりの部分を別の表現にできないかを考えてみる。（4）など、「同じような店があって、どこでも同じような光景が見られるようになった」をまとめて「画一化している」「一律化している」などと表現できる。また、「都市ごとに別の光景があってもいい」ということも、「個性がほしい」「異なる光景があってよい」「個性があったほうが望ましい」と言い換えることができる。このように大胆な言い方をすることによって表現の幅を広げることができる。

問題6 次の文は持って回った表現が多く、誰にでもわかりやすい文とは言えません。もっとわかりやすい文に改めてください。

（1）渦中にいる際にはあまりの密着のゆえに把握することがあたわなかったみずからの生なるものを、終焉が間近に迫ったからといって認識することが可能なのであろうか。

（2）周囲に危険を及ぼすような事態が発生した場合、あるいはそのような事態が発生する明らかな前兆が感知されたような場合には、早急にその旨を報告する義務があると私は考えている。

出題意図

問題5とは逆に、難しめの文をもっとわかりやすい文に改めることも時に大事だ。硬直した思考をしていると、一つの表現しかできず、わかりやすく言い換えられない。いくつもの表現を使えるようにしておくのが望ましい。

特に難解な言葉を用いた文章を読むとき、自分の頭の中でもっとわかりやすい文に改めて理解していることだろう。この作業ができないということは、自分なりに言い換えることもできず、相手にわかるように言い換えることもできないことにつながる。もっと言えば、その文章自体を十分に理解できていないということにもつながる。

なお、この種の言い換えの場合には、ある程度の解釈を加える必要がある。自分なりに理解して、思い切ってそれを表現するつもりでいるとよい。

解答例

(1) 生きるのに夢中なときには、自分の生というものに密着しすぎているため気づかないのだが、死が近づいてみると、それを認識することができるのだろうか。／生の真っただ中にいるときには、密着しているために自分が生きているということをあまり意識しないものだ。だが、自分の生が終わりそうになっているときには、自分の生命というものをそれとして見つめることができるのだろうか。／生きているときには、その真っ最中にいるので生きるということについてはよくわからないものだが、死を前にしたら、生きることの意味がわかるのだろうか。

（２）危険なことが起こった場合、あるいは起こりそうな場合には、報告しなければならないと思う。／危ないことが起こるか、起こりそうなときには、報告するべきだと思う。

解説

わかりやすさの度合いをどのくらいにするかによって、いくつもの答えが考えられる。

（１）は持って回った表現を用いているが、「渦中にいる際」というのが、後ろの部分から、「生の真っただ中」のことだとわかれば、それをわかりやすく言い換えることはさほど難しくはないだろう。

（２）は、「周囲に危険を及ぼすような事態が発生」という表現をもっとわかりやすく改めればよい。

問題７ **次の表現は直接的すぎてぶしつけです。もっと婉曲《えんきょく》な表現に改めてください。**

（１）あなたは反対するかもしれませんが、私は社員たちみんながあなたの決めたルールをどんどんと破ってほしいと思っているんです。

（2）彼女はファッションセンスが悪くて、いつもへんてこな服を着ている。
（3）彼は貧乏な家の生まれなので、しみったれた生活が身についている。
（4）あなたは口が悪いので、女性に嫌われている。

出題意図

思っていてもそのまま口に出せないことがある。とりわけ、その表現が人にとって失礼にあたるとき、それを口に出すことはできない。現代社会ではそのようなことが増えてきた。息苦しい社会になってしまったということだが、考えようによっては、それほど他者の人権を気遣う社会になったともいえるだろう。

そのような場合の表現を工夫することも、大事な語彙力の訓練につながる。相手を気遣い、相手にどうとらえられるか、その言葉が社会的にどのような意味を持つかを意識しながら言葉を選ぶ訓練になる。

なお、現代日本語では、「あなた」という人称代名詞はしばしば失礼にあたる。できればこの人称代名詞を使わないでわかってもらえるように工夫するほうがよい。

解答例

（1）反対なさるかもしれませんが、お決めになったルールにとらわれない社員がいてくれるのもうれしいと思うのですが、いかがでしょう。／反対なさるかもしれませんが、せっかく決めてくださったルールとはいえ、それに違反するくらいの気概のある社員がいてほしいと思っているんです。

（2）彼女のファッションセンスは独特で、いつもほかの人が理解できないような服を着ている。／彼女は独特のファッションセンスを持っているので、いつも個性的な服を着ている。／彼女のファッションセンスはほかの人とかなり違っていて、私から見ると、奇抜と思えるような服をいつも着ている。

（3）彼は経済的に余裕のある家の出身というわけではないので、あまり贅沢をしない生活が身についている。／彼は子どものころに経済的に苦労したようで、無駄なことをしない生活が身についている。

（4）率直にお話しになりすぎるので、女性からは疎ましく思われているかもしれませんよ。／歯に衣着せぬ物言いをなさるので、女性は不満に感じているんだと思います。／もう少し加減してお話しになれば、女性からもっと親しくされると思います。

解説

「あなた」を避けるために最も有効なのは、人称代名詞を省略してみることだ。それで通じないときには敬語を使ってみる。「あなたは反対する」ではなく、「反対なさる」とする。

そのほか、遠回しの表現として、(3)「あまり……ではない」という言い方が有効な場合も多い。「あまり裕福ではない家庭」「あまり贅沢をしない生活」などとする。また、客観的な表現ではなく、「私には……に思える」というパターンを使うのも一つの方法だ。(2)「彼女はファッションセンスが悪い」と断定するのではなく、「私にはセンスがいいとは思えない」などとする。

問題8 次の文を「である」「だ」「です」を用いないで言い換えてください。ただし、体言止め、話し言葉、古語は用いないでください。たとえば、(1)で「吾輩は猫」「吾輩は猫よ」「吾輩は猫じゃ」「吾輩は猫なり」は答えとして認めません。

（1）吾輩は猫である。
（2）私は日本人である。
（3）天才とは努力する凡人のことである。

出題意図

文章を書いているとき、「である」が続くことがある。そうなると、どうしても硬くてぎこちない文体になる。そんなとき、「である」を回避する手段を知っておくと便利だ。しかも、文末を操作することで文章にいろどりを添えることができる。

文末の言い回しをほかの表現に変えることで、リズムを変えることができ、文体に変化をつけることができる。少し意識的に文章を読めば、多くの著者がこのような工夫をしていることに気づくだろう。そうすることによって、文章をいっそう詳細に読むことができるようになる。

解答例

（1）吾輩は猫にほかならない。／私は猫以外の何物でもない。／私は猫として生まれた。／私は猫として生きている。

（2）私は日本国籍を持っている。／私は日本人として生きている（暮らしている）。／私は日本人にほかならない。

（3）天才とは努力する凡人にほかならない。／努力する凡人のことを天才という。／努力する凡人が天才になる。／努力する凡人こそが天才だといえよう。／天才とは努力する凡人のことだといえる。

解説

「……にほかならない」という表現を用いると、「である」や「だ」の連続を避けることができる。この表現はほとんど常に使える。そのほか、「……として」という表現も使うことができる。また、「といえる」「といえるだろう」も使用が可能だ。

このような解決法をたくさん持っていると、文章を楽に書くことができる。

問題9　次の文を（　　　）に漢字熟語を入れて言い換えてください。

（1）この仕事を成功させるには、まず社長の理解を得なくてはならない。
↓この仕事を成功させるには、社長の理解が（　　　）だ。

（2）日本がこれから先どうなるかわからない。
↓日本の将来は（　　　）である。

（3）現代社会では、どうしたら簡単にできるかばかりが重視されている。
↓現代社会では（　　　）ばかりが重視されている。

出題意図

文の一部を漢字の熟語に改める問題だ。このような表現の変換が実際の生活では最も必要になってくる。こうした語彙をたくさん持っていれば上手に文をまとめることができる。自由に字数の調整もでき、簡潔な文体、わかりやすい文体など自在に文章を演出することが可能だ。

ただし、答えは一つではない。少しだけ意味は異なるが、様々な表現を用いることができる。

解答例

（1）必要／不可欠／必須条件／必要不可欠／絶対／前提

（2）不透明／未知／未知数／不明確／予測不能

（3）効率／合理性／簡略化／合理化／簡素化

解説

何らかの性質を示す「……性」、変化を示す「……化」などの言葉を知っていると、このような言い換えをしやすくなり、語彙が豊かになる。なお、（1）の「不可欠」を「不可決」と書いてしまう人が多いので注意。

問題10 次の文には誤りが含まれます。正しく改めてください。

（1）私が知識を得たいのは、現在のヨーロッパの政策転換が日本および東アジアの経済状況にいかなる影響を与えるか、そして、その結果いかなることが起こりうるかということを知りたいのである。

（2）そろそろわが社も独自の販路を獲得してもよかろうと思われるので、今回の親会社からの指示には従わないべきだと考える。

（3）今は時間がなくて、すべての要求には応じれない。なので、明日のこの時間にこの場所を使わさせてください。

出題意図

間違いやすい表現をいくつか取り出してみた。これを機会に正してほしい。

解答例

（1）私が知識を得たいのは、現在のヨーロッパの政策転換が日本および東アジアの経済状況にいかなる影響を与えるか、そして、その結果いかなることが起こりうるかについてである。／私は、現在のヨーロッパの政策転換が日本および東アジアの経済状況にいかなる影響を与えるか、そして、その結果いかなることが起こりうるかということを知りたいのである。

(2) そろそろわが社も独自の販路を獲得してもよかろうと思われるので、今回の親会社からの指示には従うべきではないと考える。

(3) 今は時間がなくて、すべての要求には応じられない。そのため、明日のこの時間にこの場所を使わせてください。

解説

(1) 主語・述語がかみ合っていない。「私が知識を得たいのは」という主語にしたら、「についてである」などと結ぶ必要がある。

(2) 「ないべき」という表現は現代日本語では用いられない。

(3) 「れる」「られる」の使い分けに注意。命令形にして「……ろ」で終わる動詞については「られる」、命令形が「……れ」で終わる動詞は「れる」と考えておけば間違いない。「投げろ」「認めろ」だから、「投げられる」「認められる」となる。「走れ」「入れ」だから、「走れる」「入れる」になる。また、「なので」という接続詞は話し言葉なので使うべきではない。さらに、「さ入れ」言葉に注意。基本的に五段活用の動詞を使役で用いる場合、「読まさせてください」「歩かさせていただく」「運ばさせていただく」とはいわないで、「読ませてください」「歩かせていただく」「運ばせていただく」となることを確認してほしい。

第三章

文章力を鍛える

書けない人は読むこともできない

読解力をつける第二の方法にして、切り札ともいうべき決定的な方法は、文章を書くことだ。

読解力をつけるために文章を読んでいるだけでは、いつまでたっても限界がある。前にも述べた通り、野球やサッカーなど、いくら見方を覚えても、実際にプレイしなければ、深く見ることはできない。テレビ中継を見続けていれば、解説者のまねをしていっぱしのことを言えるかもしれないが、そこには何の裏づけもない。

文章もまずは書いてみる必要がある。書いてこそ、正確に読み取れるようになる。文章を書かないまま、文章を読み取る練習をしているのは、いってみれば、サッカーを実際にはプレイしないままサッカーの見方を習っているのに等しい。それで力がつくはずがない。

言うまでもなく、文章を書くことと読むことは表裏一体の関係にある。読んでこそ書ける。読んでいなければ、知識も言葉も定着していないので、書けるはずがない。だが、書こうという意識があるからこそ、文章を読むとき、それが自分のものになる。感想文やレポートを書かなければいけないのでしっかりと文章を読む。書こうとしなかったら、文章を読んでも通り過ぎてしまう。書くことによって、物事が定着する。

実際に書いてみると、文章の構成がわかる。書いている人間の気持ちがわかる。文章を組み立てるというのがどういうことなのかもわかる。様々な表現が自分のものとして理解できる。論理の組み立ても理解できるようになる。

書くことは思考を明確にすること

いや、そもそも書くことは思考をまとめることにつながる。

何となく自分の意見が正しいと感じている。ところが、それを文章にして人にわかってもらおうとすると、ふと手が止まる。次々と自分の考えに穴があることに気づいて、そのままでは説得力がないことを改めて知る。そんな経験は誰にでもあるだろう。

つまり、書くとは、自分の漠然とした考えに形を与えて、他人にもわかるようにする行為なのだ。したがって、書くことによって考えに筋道が生まれる。頭の中にある連続的な思考を整理し、分析的にとらえなおし、思考の塊を言葉に改め、それを文にして論理的につなげて、一つのまとまりのある文章にしていく。それはまさに自分の思考を外からも見えるものにしていく作業なのだ。書くことによって、もやもやしていたものが明確に意識化される。時に、自分がどこに疑問を感じていたのかがわかる。

したがって、文章を書くことができないということは、自分の思考を外に示すことができないということになる。もっと言えば、実際には思考を自分のものにしていないに等しいということにもなる。

そして、それは文章を書くことによって、思考できるようにもなるということを意味する。

言い換えれば、文章を書く練習をするということは、自分の考えを明確にする練習、もっとはっきり言えば、しっかりと考える練習になる。

何か解決できない問題にぶつかったときには、パソコンを出して、問題点を書き始める。書くという行為は、話す行為と違ってあとから直すことができる。つまりは、自分の思考をいったん文章にしてみて、それを振り返り、そこにあいまいな点や間違った点があったら、それを消して改めることができる。

話すだけであれば、話した内容を忘れてしまう。30秒も話をすると、話し始めたときにどのようなことを語ったか、しばしば忘れてしまうだろう。だが、文章であれば、書き始めた部分を読み返せばよい。そうすることによって、自分の思考の跡をたどることができる。

そうして、何度も書き直し、時にはネットや本で調べて自分の考えを補強したり、ほかの人の意見を参考にしたりして、完成度を高めることができる。

それを繰り返すことは、文章を書く練習になるだけではない。読解力が増すだけではない。思考力が高まり、様々な出来事についての自分の意見を持つようになるだろう。

小論文で論理的な文章力を身につける

では、どのような文章を書くか。

私が多くの人に書いてほしいと思っているのは小論文だ。

１９８０年代から受験科目に課す大学が増えたので、小論文を学んだ経験のある人は多いだろう。高校や予備校で小論文教育を受けた人もいるだろう。

大学入学後、そして社会人になってから、レポートや論文など、論理的な文章を書く必要が出てくる。それだけでなく、社会全体が論理的思考力や思考を論理的に説明する文章力を求めている。そうしたことから、社会全体で小論文が重視されるようになった。

それにともなって、大学入試で小論文試験が取り入れられるようになった。大学側としては、社会や人間について、そして専門科目について、どのくらいの知識があるのか、どのくらいの文章力があるのかを見るのに小論文試験が適当だということもあって、多くの大学で導入されるようになった。

小論文を書くのに、表現の工夫などはいらない。知識があり、論理的に考える力があれば、すぐに書けるようになる。もし、論理的に考える力がなければ、しばらく小論文を書く練習をすればよい。小論文を書くために論理的に考える練習をしているうちに、本当に論理的に考えることができるようになるだろう。

本書をお読みの方のほとんどは大学受験合格を目的としているわけではないだろう。大学受験を考えてもいないのに小論文を書いてみることに抵抗のある人がいるかもしれない。だが、小論文は論理的な文章の基本だ。ブログに書かれた社会についての意見、新聞や雑誌の投稿欄に掲載されている文章などは小論文の一種だろう。

小論文を書くことによって、まず論理的な文章力が身について、社会を見る目が育つだけではない。社会についての自分なりの考えをまとめるのにも役立つ。週に1本でも社会問題について小論文を書いてみてはどうだろう。

リアリティを作り出すテクニック

ところで、小論文ではあまり重視されないが、もう一つ、文章を書く際に身につけておくべきテクニックがある。それはリアリティを作り出すテクニックだ。

小論文では、あまりリアリティは求められない。「大勢の人がイベントに集まった。その要因として考えられるのは……」という書き方でよい。だが、実際の生活ではそれでは不足だ。「周囲を取り囲む行列ができるほど盛況だった」など、ほんの少しであっても、それが目に浮かぶような説明を加える必要がある。

入社試験時に企業に提出するエントリーシートなどでも、「私はコミュニケーション力がある」と書くだけではリアリティがない。具体的にどのようなことがあったのかを少し加えてこそ、それが事実であることを読み手に訴えることができる。

しかも、このような文章を書く力もまた、文章を読み取る力と直結する。リアリティを出す文章力を身につけるということは、小論文を読んだり書いたりする以上に言葉を自在に使って、読み手の心を動かす力をつけるということだ。深く言葉を読み取れるようになるということにほかならない。

リアリティのある文章は、作文やエッセイ、小説で大事な要素だ。したがって、実はこうした力をつけるには、エッセイや小説を書いてみるのがいい。関心のある人にはぜひ挑戦してみることをお勧めする。

だが、それは本書の役割ではないので、ここではビジネスで必要な書く力をつけるだけにとどめる。のちに説明するような技術を練習して、このタイプの文章を書けるようにしてはどうだろう。ずっと表現の幅が広がるはずだ。

発表するのも効果的

まずは練習のためだけに書くのもよいだろう。週に1本、字数は600字から1000字くらいが適当だ。書いてみるだけで、力がつく。人によっては書くことが楽しくなるだろう。うまく書けたという感覚を持てることもあるだろう。

読解力養成のためであれば、私は小論文を5本くらい書いてみるだけで十分だと思う。それだけで、「書いた経験」が自分のものになる。その経験に基づいて、深く読めるようになる。

しかし、せっかく文章を書いたのだったら、それを発表したらどうだろう。ブログなどネット上には様々な発表できる場がある。実名で書いてもよいし、もちろん匿名でもよい。そのうち反応があって、賛成意見、反対意見や感想などが寄せられるだろう。もちろん、不愉快な書き込みも寄せられるかもしれないが、力づけられるものも多いはずだ。そうするうちに、評論家やエッセイストとして文章を書くことができるようになる。それはとても楽しいことだと思う。

小論文の書き方(1) そもそも小論文とは何か

一般的には小論文は、「社会などについて客観的に論じる文章」と説明されるが、それではわかりにくい。

そもそも、「小論文」とは、字に示される通り、「小さな・論じる・文章」のことだ。「論じる」または「論ずる」を辞書で引くと、「物事の是非をただす」という意味が出てくる。これを誰にでもわかるように言い換えると「イエスかノーかをはっきりさせる」ということになる。つまり、論文というのは、「イエス・ノーをはっきりさせる」文章のことだ。そして、「小さな」というのは、「一つの」と考えていい。つまり、小論文とは一つのイエス・ノーを判断する文章だ。

たとえば、「グローバル化」について小論文を書く場合、現在のグローバル化の進展について説明しても小論文にはならない。「グローバル化は好ましいか」「これからもグローバル化を進めるべきか」などの問題提起をして、それについて論じることによって小論文になる。

ただし、イエス・ノーを判断するだけなら、1行で済む。その根拠を示し、読んでいる人に納得のいくようにそれを説明するのが小論文と考えてよいだろう。

現実にはイエスともノーとも言えないことが多い。「場合による」「この面ではプラスだが、別の面ではマイナスだ」「イエス・ノーは一概には決められない」というケースがほとんどだろう。だが、小論文は、理念のうえではどの方向に進むのが全体として好ましいかを考えるものだ。それを明確にしないことには思考できない。したがって、中途半端な立場ではなく、どちらかの側に立って明確に論じる必要がある。

しかも、現在行っているのは、文章力養成としての小論文だ。現実での判断ではない。どちらかの側に立って明確に論じる一つの練習だと考えてほしい。

小論文の書き方（2）　小論文には「型」がある！

今も述べた通り、小論文とは、ある命題が正しいかどうかを、その理由を示しながら検証するもの。つまり、何を書くか、ほぼ決まっている。最初に何を書き、次に何を書いて、最後にどうするかという形式もほぼ決まっている。要するに、「型」がある。

「型」を没個性と思わないでいただきたい。数学の証明と同じようなものだ。「型」通りに書けば、論理的になる。論理の中に個性的で独創的な考えを書くのが望ましい。小論文には形式上の個性は必要ない。いつも同じ形式でかまわない。それを守ることで、時間をかけずに常に論理的な文章を書くことができる。

知り合いの中に周囲から、「あいつの話し方はとても論理的で知的だ」と定評のある人がいるだろう。きっとその人は、「私はそれには疑問を感じます。理由は二つあります。第一に……」というような話し方をしているだろう。これも「型」を応用しているといってよいだろう。「型」を用いることによって、論理的に語ることができるわけだ。

小論文は作文ではない。突飛な形式で小論文を書くわけにはいかない。一見、突飛な形式で書かれているようでも、必ず、基本的な「型」を踏まえている。

最終的には、「型」を崩すのもいいだろう。いやそれどころか、「型」を崩してほしいとも思う。だが、まずは、「型」をマスターする努力を絶対にしなくてはいけない。そうすれば、文章を書くのが苦手な人でも、すぐにそれなりの小論文が書けるようになる。しかも、コンスタントに、素早く力を発揮できるようになる。「型」を崩すのは、ほぼ完全に「型」を呑《の》み込んだあとで十分に間に合う。

私は以下の三つの「型」を身につけるように勧めている。

①基本A型

２００〜３００字の短い小論文を書くときに用いる。多くの人が日常的にこの「型」を使っていると思うが、あえて意識的にとらえてほしい。そうすることによって、常に論理的に語れるようになる。なお、この文章の「型」は、独立した文章でなくても、長い文章の中の一部でも、普通に用いられる。先に抽象的にズバリと示して、その後に具体例を書くなどがその典型だ。

・第一部：ズバリと言いたいことを書く。
・第二部：第一部で書いた内容を説明する。第一部に主張を書いたら、この部分にその根拠を示す。第一部に抽象的なことを書いたら、ここで具体的に説明する。「理由は二つある」などとすると、いっそう論理的になる。

●例

（主張とその説明）

タレントがSNSなどで政治的発言をすることが話題になっているが、私はこれを好ましいことだと考える。

タレントの発言によって多くの人が政治問題に関心を持つ可能性がある。そもそも民主主義社会とは、多くの国民が政治に関心を持ち、それについて議論を深める社会である。タレントが政治的発言をすると、それをきっかけにして多くの人がその問題を考える。熱狂的なファンはうのみにするかもしれないが、別の意見も寄せられるだろう。ふだんはそれに関心を持たない人も議論をし、多くのタレントが様々な発言をして、それが国民的な問題に高まることで、好ましい民主主義社会になっていく可能性があるのである。

（抽象と具体）

近年、他人の過失を見つけて激しく攻撃をする人が増えている。

コンビニで店員の態度に激高して執拗に謝罪を要求し、土下座までさせた事件は大きな話題になった。そのほかにも、商品にちょっとした傷があったからといって激しく抗議し、店員が言った情報に間違いがあったといっては怒鳴りまくる人もいた。車線を変更しようとしたとたんに、前の車も同じように車線を変更、それを進路を妨害されたと考えて怒り、約10キロにわたってあおり運転を繰り返した事件もあった。

②基本B型

200〜300字の短い小論文を書くときに用いる。基本A型をひっくり返した「型」だ。基本A型と基本B型の両方を自在に使いこなせるようにしておくと、常に論理的に書くことができる。なお、この文章の「型」は、独立した文章でなくても、長い文章の中の一部でも、普通に用いられる。先に具体例などを示して、あとで抽象的にまとめるのがその典型だ。

・第一部：主張したいことの理由をまとめる。また、具体的な出来事を示す。

・第二部：最後に主張や抽象的なまとめを示す。

●**例**

（根拠と主張）

タレントがSNSなどで政治的発言をすることによって多くの人が政治問題に関心を持つ可能性がある。そもそも民主主義社会とは、多くの国民が政治に関心を持ち、それについて議論を深める社会である。タレントが政治的発言をすると、それをきっかけにして多くの人がその問題を考える。熱狂的なファンはうのみにするかもしれないが、別の意見も寄せられるだろう。ふだんはそれに関心を持たない人も議論をし、多くのタレントが様々な発言をして、それが国民的な問題に高まることで、好ましい民主主義社会になっていく可能性があるのである。

したがって、タレントが政治的発言をするのは好ましいことだと考える。

（具体と抽象）

コンビニで店員の態度に激高して執拗に謝罪を要求し、土下座までさせた事件は大きな話題になった。そのほかにも、商品にちょっとした傷があったからといって激しく抗議し、店員が言った情報に間違いがあったといっては怒鳴りまくる人もいた。車線を変更しようとしたとたんに、前の車も同じように車線を変更、それを進路を妨害されたと考えて怒り、約10キロにわたってあおり運転を繰り返した事件もあった。

近年、このように、他人の過失を見つけて激しく攻撃をする人が増えている。

③基本C型

300字以上の小論文を書くときに用いる。したがって、まとまった文章を書くときには常にこの「型」を使用することになる。

この「型」は、一部では「樋口式四部構成」と呼ばれている。私が35年ほど前に開発して世に知られるようになったものだ。これと同じような「型」が様々な参考書、教科書で紹介されているようだが、それはすべて私の亜流だということを付け加えておく。

なお、第三部は基本A型の第二部や基本B型の第一部を用いて書かれていると考えてよい。つまり、基本A型・B型で書いたものをほぼそのままここに使うことができるわけだ。

・第一部：問題提起。設問の問題点を整理して、イエスかノーかの問題提起をする。全体の10パーセント前後が好ましい。

・第二部：意見提示。「確かに……。しかし……」という言い回しにすると書きやすい。タレントの政治的発言に反対だと主張したい場合には、「確かに、タレントの政治的発言にも好ましい面がある。たとえば……。しかし、私は反対だ」というように書く。そうすることで、視野を広め、客観的な論にする。全体の30〜40パーセントが普通。

・第三部：展開。自分の意見の根拠を示す。なお、ここでは「こちらのほうが便利」「こちらのほうが私にとってトク」ということではなく、社会にとって、これからの日本にとってプラスになるかどうかという方向で考える。「理由は二つある」と始めると、書きやすい。全体の40〜50パーセントほどを占める。

基本A型・B型をここに用いるつもりで書くとうまくいく。
・第四部：結論。もう一度全体を整理し、イエスかノーかをはっきり述べる。努力目標や余韻を持たせるような締めの文などは不要。イエスかノーか、もう一度的確にまとめればよい。

●例

近年、SNSで政治的発言をするタレントが日本にも現れて話題になっている。タレントは政治的発言をするべきではないなどという意見もあるが、どう考えるべきだろうか。

確かに、タレントの多くが政治的に成熟した考えを持っているとは限らない。政治の勉強や政治活動をしているタレントは稀である。そのタレントが政治をきちんと理解しないまま、思慮の浅い発言をすることもあるだろう。それをうのみにするファンも出てくる。自分で判断せずに、ひいきのタレントの発言に乗せられて政治活動をするファンもいる。そうなると国民の考えが混乱する恐れがある。しかし、それを含めても、タレントが政治的発言をするのは好ましいことだと私は考える。

理由は二つある。第一に、タレントの発言によって多くの人が政治問題に関心を持つ可能性がある。そもそも民主主義社会とは、多くの国民が政治に関心を持ち、それについて議論を深める社会である。タレントが政治的発言をすると、それをきっかけにして多くの人がその問題を考える。ふだんはそれに関心を持たない人も議論をし、それが国民的な問題に高まり、好ましい民主主義社会になっていく可能性があるのである。第二に、タレントの政治的発言は政治家たちの行動への歯止めになる可能性があると私は考える。タレントは自分のイメージにふさわしい発言をするために、政治力学や過去の歴史的経緯を無視することが多い。だが、それは政治力学などを重視しすぎる政治家たちの独自の論理による政治の行きすぎへの歯止めになり、一般国民の側からの再考を促すことにつながる。政治を政治家たちだけのものにしないで、庶民感覚のことがらにする役割を果たすのである。

以上述べた通り、私はタレントの政治的発言は好ましいと考えるのである。

小論文の書き方（3）　アイデアメモを取る

実際の小論文を書き出す前に、メモを取る必要がある。

まずは、アイデアを得るためのメモを取る。ある問題について、イエスかノーかをはっきりさせるのが小論文だが、イエスの立場を取るか、ノーの立場を取るかはすぐに決めるべきではない。自分の意見がはっきりしていても、反対の立場も必ず考えてみる。そうすることによって、論が客観的になり、同時に深まる。

どんなに自明に見えても、そうとばかりは言い切れない面がある。ある人々にとって好ましいことは、別の立場の人にとっては嘆かわしいことかもしれない。

①3WHAT3W1Hを考える

文章は5W1H（WHEN、WHO、WHERE、WHY、WHAT、HOW）を考えて書けといわれる。しかし、小論文を書く場合には、3WHAT3W1Hを考えてほしい。

3WHATというのは「それは何か（定義）」「何が起こっているか（現象）」「何がそ

の結果起こるか（結果）」。3Wとは、WHY（理由、根拠）、WHEN（いつからそうなのか、それ以前はどうだったか＝歴史的状況）、WHERE（どこでそうなのか、他の場所ではどうなのか＝地理的状況）。そして、1Hとは、HOW（どうやればいいか＝対策）。

これらの項目についてざっと考えることによって、大まかにであれ、状況を認識し、考えを深めるためのヒントを得ることができる。

まず、あいまいな言葉は必ず「定義」を考えなければいけない。「幸福度」が問題のときは、「幸福度」とは何か、そもそも「幸福」をどう測るのかなどを考えなければならない。それをしないまま考えても、あいまいな文章にしかならない。ただし、「タレントの政治的発言」については、定義は必要ないだろう。

場合によっては、定義を考え、それが本来どのような意味であるかを考えることによって、論が定まることがある。たとえば、「ボランティアに報酬を与えることの是非」について考えるとき、「ボランティア」という言葉が本来「自由意志」という意味であることを思い出すと、その方向性が決まることがある。

次に、今、何が起こっているか、どのようなことがいわれているか（現象）を考える。そうすることで、現状を整理できる。また、このままでいけばどうなるか（結果）も忘れずに考える。

しかし、小論文で最も説得力を持つのは、その根拠は何か、本当によくないのか（理由、根拠）ということだ。タレントの政治的発言の是非を考えるとき、なぜそれはよくないといわれるのか、よいと考える人はどう思うのか。背景は何か考える必要がある。

次に、いつからこのような問題が起こっているのか、それ以前はどうだったのか（歴史的状況）、外国ではどうか（地理的状況）を考えてみる。たとえば、アメリカやヨーロッパ、あるいは日本のほかの地域ではどうしているかを考える。そして、もっと好ましい状況にするにはどのようにすればいいのか（対策）も考えてみる。

ただし、鋭い小論文を書くには、３ＷＨＡＴ３Ｗ１Ｈを考えるのが鉄則だが、必ずしも表を作って丁寧にすべてを埋める必要はない。ほんの少しメモを取ってよいアイデアが生まれたら、そこで打ち切ってもかまわない。メモはあくまでもいいアイデアを見つけ出すためのものだ。

タレントの政治的発言についての簡単な例を示そう。以下のようなメモが考えられる。

・定義
「タレント」テレビ出演などする芸能人や文化人
「政治的発言」時事問題について自分の意見を発信すること

・現象
SNSで環境問題について発言したタレント
沖縄の基地問題について発言したタレント。賛否両論が起こった
そのほか、安全保障問題について発言する芸人など
タレントがSNSで様々な発言。多くがたわいのないファッション、料理などの話題

・結果
(タレントがどんどん政治的発言をするようになると……)

知識のないタレントに一般の人が惑わされる
タレントが人気を得る手段として政治的発言をするようになるかもしれない

・理由、根拠
「タレントの政治的発言に賛成」
ファンが政治に関心を持つ。政治的関心が国民に広まる
タレントも国民として政治的意見を持つのは当然。それを発信するのは当たり前
むしろ、国民みんなが政治的発言をするのを当たり前とみなすべきだ
政治的立場を含めて、タレントのファンになるべきだ

「タレントの政治的発言に反対」
タレントが不勉強のまま政治的発言をすると、ファンを惑わす
一般の人がイメージで政治意識を持つようになってしまい、意識の低下を招く
政治的発言が一つのファッションのようにみなされてしまう

・歴史的状況
ＳＮＳの発達によって、手軽に発言
以前も政治的発言をする人がいた（政治家になったタレントなど）

・地理的状況
欧米ではタレントが政治的発言をするのは当然

・対策
タレントがファンと政治について議論する場を作る

②社会問題との接点を探す

３ＷＨＡＴ３Ｗ１Ｈでメモを取ってもよい視点が見つからないときには、何らかの社会問題との接点を考えるとうまくいくことがある。

そうした場合には、その行為の社会的影響を考えてみる。それが広がると社会はどうなるかを考えてみる。

また、たとえば、ほかの社会問題（環境問題、グローバル化の問題、少子高齢化問題、地方の疲弊など）と結び付けて考えてみる。すると、これまで気づかなかった点に気づくことがある。

タレントの政治的発言をグローバル化と結び付けて、「タレントは海外にもファンがいるので、日本人の政治意識を紹介する役に立つ」などの論を思いつくこともできるだろう。

小論文の書き方（4）構成する

アイデアメモを取りおえたら、それを見ながら、構成する。すなわち、基本A型、基本B型、基本C型のそれぞれの部分に何を書くかをメモしておく。

構成する際にまず心がけておかなければいけないのは、焦点を絞りこむことだ。イエスとノーの二つの立場を並べて、「一方の側に立てばこんなことが言える。だが、もう一方の側に立てばこうも言える」というようなイエスかノーかはっきりしないタイプの文章や、「私は、イエスだと思う。その理由は、AとBとCとDとEだ」というような理由を羅列する文章も好ましくない。

また、イエスとノーの中間の、両方のいいところを取った折衷案も、あまり感心しない。どちらかの立場にはっきりと立って、焦点を定めて書かなくてはいけない。焦点が定まっていなければ、少ない字数で説得力が増すわけがない。

メモで、イエス、ノーの両方の立場に立って、様々な指摘を書き込んだにしても、すべてを書いてはいけない。捨てるに忍びない意見がいくつもあるのはよくわかるが、涙を呑んで切り捨てるのが、鋭い小論文を書くコツだ。なにしろ、すべてを言うには字数が足りない。いろいろなことを言っていると、肝心なことが読み手に伝わらなくなる。したがって、できるだけ焦点を絞らなければならない。羅列は字数が余ってどうしようもない場合だけにして、一つのことを深く、鋭く論じるようにする。

基本C型で書く場合、自分の主張の根拠を明確にして、それを第三部におく。そして、その反対側の意見への配慮を第二部の「確かに」のあとにおいて、全体を構成する。

それぞれの部分で書くことを箇条書きにしてまとめておくと、途中から支離滅裂になってしまうのを防ぐことができる。そして、実際に書くときには、それに肉づけしながら、あまり外れたことは書かないように気を付ける。

小論文の書き方（5）　書くときの注意点

小論文を書くときには、表記の面で以下の点に気を付けてほしい。なお、これらは小論文に限らず、論理的文章を書く場合の基本と考えてよいだろう。すなわち、本格的な論文はもちろん、レポートやプレゼンなどでも同じような表記をする。これらを身につけておけば、あらゆる場面で使えるはずだ。

①「だ・である調」（常体）を用いる

「です・ます」で書くと、どうしてもふやけた感想文調になってしまう。また、「だ・である」と「です・ます」を交ぜて書くのは減点の対象になる。評論家の中に、これらを交ぜて書く人がいるが、これは高等技術に属するということを忘れてはいけない。よほどの技術がなければ、使いこなせない。受験生はやめておくほうが無難。

②一文を長くしない

一文が60字をこえるときは、どこかで句点「。」を置いて、文を二つ以上に分けたほうがいい。一文を長くするとだらだらして、主語・述語の関係が整合しなくなることがある。

③書き言葉を用いる

新聞で用いられている文体を用いる。したがって、流行語、会話体、略語は好ましくない。また、「!」や「?」などの記号も、本来の日本語ではなく、十分市民権を得ているとはいえないので、使うべきではない。

④抽象と具体を織り交ぜる

抽象的なことを書いたら、その後にその説明をする。逆に、具体的に書いたら、それを抽象的にまとめる。その作業を忘れない。自分だけがわかっているのでは、文章は他者に伝わらない。誰か特定の人を思い浮かべながら、その人に説明するつもりで具体例などを加えるとよいだろう。

⑤言葉の定義を明確にする

言葉の意味を明確にする必要がある。特に文中で繰り返し使うようなキーワードについては、きちんと定義して書くほうがよい。そのキーワードに特殊な意味を持たせたいとき、対立概念との違いを明確にしたいときには、説明を加える。

また、「ひどい」「悲しい」「うれしい」などといった主観的であいまいな言葉を使うべきではない。なお、同じ意味であれば同じ言葉を使うのが原則だ。たとえば、「原理」という言葉を使っているとき、それと同じ意味だったら、「原則」「ルール」「決まり」などといった別の言葉で言い換えるべきではない。言葉を換えると意味も異なると解釈される恐れがある。

⑥自分のことを「自分」「俺」と書かない

自分のことは、男女を問わず、「私」と書くのが一番無難。ただし、「私」と使うのに抵抗を感じる人は「僕」でも許される。「自分」「俺」は好ましくない。

⑦読点（、）の打ち方にはルールがある

a　主語が長いとき、主語のあとに付ける

例　私がその場に行ってはっきりと目にしたのが、彼女の密会だった。

b　文頭の接続詞のあとに付ける

例　したがって、私はそれに賛成である。

c　重文で、「……だが」「……なので」などのあとに付ける

例　そのような考えがあることは私も十分承知しているが、それに賛成することはできない。

d　続けて書くと、別の言葉と誤解されるときに付ける

例　ハイドン、モーツァルト、ベートーヴェン、シューベルトがほぼ同時代のウィーンに住んでいた。

小論文の書き方(6)　各部分の書き方

①問題提起の書き方

●問題提起を作るコツ

課題が出されたら、そのテーマでどんなことが話題になっているか、どんなことが起こっているかを考えてみる。

問題提起を作るときには、「賛否両論」のあるテーマを考える。たとえば、「今ＡＩが発達しているか」などを問題提起しても、答えはイエスに決まっている。わざわざ論じるまでもない。それを書くと、みんなが知っていることの説明になるだけで終わってしまう。また、調査してみなければわからない問題について書いても意味がない。

そのような問題点ではなく、価値観を示すようなもの、すなわち「好ましいかどうか」「進めるべきかどうか」という問題を提起するのが望ましい。

●書き出し方

書き出しがうまくいかずに時間がかかってしまったという話をよく聞く。しかし、小論文では、書き出しにこる必要はない。いつも同じパターンで十分だ。

以下のようなパターンを覚えておくと便利だ。

a　客観的事実で始める

「最近……といったことが話題になっている」「新聞などで、……とあるのを目にする」というような客観的な事実で始める方法だ。少しありふれてはいるが、もちろん、これで十分。ただし、字数稼ぎができないという欠点がある。なお、「では、……だろうか」と続けると、まるでそれに反対しているかのような印象を与えるので、そのような場合には、「では、……だろうか。それについて考えてみたい」などとすればよい。

なお、問題提起する部分にあいまいな言葉が含まれていたら、ここできちんと定義しておくのが望ましい。「○○とは……のことをいう」と初めに示してから問題提起するのもうまい方法だ。

b　結論で始める

「私は、……にイエス（あるいはノー）である」というふうに、初めに結論を言うことで問題提起にする方法。焦点が定まりやすいし、書きやすい。ただし、結論を先に言ってしまうとあとで書くことがなくなって困ることがある。文章を書き慣れていない人は使わないほうが無難だ。

②意見提示の書き方

前に説明した通り、ここでは、「確かに……。しかし……」という言い回しを使うとうまくいく。ただし、いくつかコツがある。

●「問題提起」と「確かに」のあと、「しかし」のあとをきちんとかみ合わせる

「タレントが政治的発言をするのは好ましいか」という問題提起をしたら、「確かに、タレントの政治的発言には好ましい面がある。しかし、全体的には、好ましくない」あるいは逆に、「確かに、タレントの政治的発言には好ましくない面がある。しかし、全体的には、好ましい」というように書く。それがずれると、そこから論がずれてしまう。

たとえば、「確かに……面がある。しかし、今はまだ政治的発言をするタレントは少数派だ」などとすると、そこから、「今、どうなっているか」という点が問題になってしまって、それまでの論から大きくずれることになる。

●「確かに」のあとに反対意見を十分に書く

「確かに、このような面がある。たとえば、このようなことが起こっている」というように、ある程度の字数を使って具体的な説明を加えるといい。そうすることによって、しっかりと説明して、読み手に、きちんと反対意見も考慮して判断していることをアピールできる。

●「確かに……。しかし……」としたあとは、問題提起に答えるだけでよい

「しかし」のあとにあれこれと書くと、次の第三部に書くことがなくなってしまう。くわしいことは、次の「展開」部分に回すつもりで、この第二部では、「しかし」のあとは短くまとめればよい。

③展開の書き方

基本的にこの部分は、自分の主張の根拠を書く。したがって、「なぜなら」「根拠は二つある」「私の判断の理由は二つある」「それにはいくつかの根拠がある」などと書き出せばよい。

ただし、いくつものことを羅列するべきではない。いくつものことを書くよりは、一つか二つのことがくわしく説明されているほうが、読んでいる人間は納得できる。800字くらいの制限字数で書く場合には、せいぜい二つの根拠を示すくらいが望ましい。

なお、この部分にはあくまでも根拠を中心に書くべきだ。しばしば、根拠よりも「そのためにはこうするべきだ」という対策を示す人や、「こんなときにはこうして、別のときにはこうする」というような条件を示す人がいるが、それでは論が深まらない。まずは根拠を書くことに力を注ぎ、その後に対策や条件、その背景にあるものなどを書くことによって説得力が増す。

④結論の書き方

先に述べた通り、余計なことは書かずにイエスかノーかをまとめればよい。「以上のように、学歴社会には、利点があるにせよ、現在では弊害も多く現れている。したがって、私は現在の学歴社会を好ましいとは思わない」というような文でかまわない。

小論文の書き方(7) 説得力を持たせる

①そもそも三段論法

短い字数で根拠を示すのは実は大変難しい。説得力のある方法を二つ紹介する。
一つは私が「そもそも三段論法」と名付けている方法だ。

ほとんどの人は、「私の勤める会社はよい会社だろうか」などと考えたことがあるだろう。そのとき、きっと多くの人が、次のような順番で考えをまとめているだろう。

（1）そもそもよい会社というのは、給料がよくて、残業が少なくて、職場の人間関係がよい会社だ。
（2）ところが、私の会社は給料はよくないし、残業も多い。
（3）だから、私の会社はよい会社ではない。

つまり、次のような手順を踏んで判断をしているはずだ。
（1）最初に理想的なあり方（この例では、「会社の理想像」）を考える。この時点で、読んだ人が一般論として「なるほどその通りだ」と受け止められるように示す。
（2）次に、（1）と比較して、問われている問題（この例では、「私の会社はよい会社か」）について考え、理想に近いかどうかを考える。
（3）理想に近ければ「よい」とみなし、理想から外れていれば「よくない」と判断する。

このように、最初に「そもそもの理想は……」というように考え、次にそれと比較して問題を考えて判断する方法を「そもそも三段論法」と呼ぶことにする。この考え方を上手に使いこなせるようになれば、様々なことについて、論理的に根拠を示して判断できるようになる。

小論文の第三部を書く場合、この三段論法を応用し、それに説明を加えるようにすると、すっきりとまとまる。

②その結果三段論法

「こんなことが起こると、必然的にこうなる。その結果、こんなことが起こる。だから、これはよいことだ（悪いことだ）」と判断する論法だ。

多くの人がふだんからこの思考法を普通に使っているはずだ。だが、ここで少し意識的に使ってみよう。そうすれば、根拠を明確に書ける。

問題11 次の課題について、「そもそも三段論法」と「その結果三段論法」を用いて根拠を示してください。

現在、小学5年生から英語教育が行われていますが、近い将来、小学3年生から英語教育を始め、5年生からはもっと本格的に行おうという動きがあります。それはよいことでしょうか。考えてください。

解答例

そもそも三段論法

（1）そもそも小学校の勉強は、社会人として絶対に必要な力を身につけさせるものであるべきだ。

（2）（その理想から考えると）小学校のころから英語を勉強すると、むしろ、最も大事な日本語の勉強、体育の勉強などがおろそかになってしまう。

（3）だから、小学校のころから英語の勉強を本格的に始めるのはよくない。

（1）そもそも小学校の勉強は将来、社会人として生きていくのに役に立つものであるべきだ。
（2）（その理想から考えると）小学校のころから英語を勉強するとグローバルな社会で生きていける力をつけることができる。
（3）だから、小学校のころから英語の勉強を本格的に始めるのはよいことだ。

（1）そもそも外国語の勉強は小さいころから行うべきだ。
（2）（その理想から考えると）小学校のころから英語を勉強すると英語を効率的に身につけることができる。
（3）だから、小学校のころから英語の勉強を本格的に始めるのはよい。

その結果三段論法
（1）小学生が3年生から英語を勉強すると、その結果、文法など考えず、恥ずかしがらずにどんどん先生の話す英語をまねするだろう。

（2）その結果、英語を話す力が身について、英語力が上がり、グローバル社会を生き抜く力をつけることができる。
（3）したがって、小学生が3年生から本格的に英語を勉強するのはよいことだ。

（1）小学生が3年生から英語を勉強すると、その結果、先生の英語をまねするだろう。
（2）その結果、必ずしも英会話が得意とは限らない小学校の担任の先生のよくない発音をまね、実際に通じる英語が身につかない子どもが増える恐れがある。
（3）したがって、小学生が3年生から本格的に英語を勉強するのはよくないことだ。

問題12　次の課題について、「そもそも三段論法」と「その結果三段論法」を用いて根拠を示してください。

大学の学園祭でアルコールを提供することがあります。これはよいことでしょうか。考えてください。

解答例

そもそも三段論法

（1）そもそも大学の学園祭は、教育の場である大学の成果を示すイベントであるべきだ。

（2）そこでアルコールを出すと、学園祭が娯楽の場になって、乱れてしまう。

（3）したがって、学園祭でアルコールを出すのは好ましくない。

（1）そもそも大学の学園祭は、学生が、学内の大学生、教職員だけでなく、入学希望の高校生や地域の人に大学を紹介するためのものだ。

（2）そこでアルコールを出すと、来場者の中に多くの未成年者が含まれるので、暗に法律違反をそそのかしていることになりかねない。

（3）したがって、学園祭でアルコールを出すのは好ましくない。

（1）そもそも大学の学園祭は、学内の教職員、学生、地域の人の交流の場であるべきだ。

（2）そこでアルコールを出すと、交流が深まり、本音で様々なことを話すことができる。

（3）したがって、学園祭でアルコールを出すのはよいことだ。

（1）そもそも大学は社会に出て通用する人材を養成する場であるべきだ。
（2）大学の学園祭でアルコールを出すことで、適正なアルコールの飲み方を学び、社会人として通用する大学生を養成できる。
（3）したがって、学園祭でアルコールを出すのはよいことだ。

その結果三段論法
（1）大学の学園祭でアルコールを出すと、大勢の人が酒を飲むことになる。
（2）その結果、未成年者も含めて酒を飲んでしまい、暴力沙汰や、学園祭を不快なものにする事件が起こることがある。
（3）したがって、学園祭でアルコールを出すべきではない。

（1）大学の学園祭でアルコールを出すことによって、学生や教職員や地域の人がアルコールを飲んで交流を深める。
（2）その結果、大学内や地域との関係が密接になって、大学の人間関係が豊かになる。
（3）したがって、学園祭でアルコールを出すのはよいことだ。

③リアリティを持たせる

先に述べた通り、文章を書く場合、リアリティを持たせるのはきわめて大事なことだ。リアリティがないと、そこに書かれた内容が絵空事に思われたり、うそに思われたりする。そこで、ここには文章にリアリティを持たせるためのテクニックを示す。

リアリティを持たせるには、たんに説明するだけでなく、読んでいる人がみずからその気持ちになり、自分から発見するように仕向けなければならない。「日本の地方は疲弊している」と書くだけでは、リアリティは感じられない。読んだ人が、「なるほど、地方は疲弊している」と自分で思うように書く。そうすることでリアリティが生まれる。そのための誰でも使える簡単な方法を示す。

●具体的に示す

最もよくないのは抽象的な文章だ。「工場は遠かった」では、遠さは伝わらない。「バスで30分かかる山の中にあった」でも実感は伝わらない。「2時間に1本のバスに30分揺られて、停留所の角を曲がってやっと遠くに工場が見える」とすることで、遠さが伝わる。

このようにその場に読者がいるような気持ちにさせ、遠さを実感させるのが望ましい。そして、抽象的なまとめはしなくても、読むものがそれを頭の中でまとめるように仕向けるのも高等技術だ。

●描写する

描写をすることによって、読み手は目に見えるように感じる。描写がないと、情景が思い浮かばない。したがって、リアリティを出すためには、起こったことが目に浮かぶように書いて、読んでいる人が想像できるようにする。

「友達がやってきた」ではなく、どのような友達なのかがわかるように書く。しかも、できるだけ短く描写する。「高校時代の友達が、髪をきちんと七三に分けてパリッとしたスーツを着てさっそうと現れた」などと書くと目に浮かぶ。

●動きを出す

動きがあってこそ、情景は目に見えるようになる。動きのない情景を描写しても、読み手は情景を想像できない。「車があった」と書くよりも、「車が交差点を曲がって急に停まった」と書くほうが、想像をかきたてる。止まった状態を描写するのではなく、動きを出して生きた状況を描くように心がける。

●色彩や音響を加える

色や音を加えると、リアリティが増す。とりわけ、小さなものであると、いっそうリアルに感じられる。

たとえば、「彼女の真っ赤な口紅がほんの少し唇からはみ出していた」と書くと、読んでいる人は目の前に女性がいるかのように感じられるだろう。「眼鏡が光を反射して、青い光を発した」「右の白目の部分が少し赤くにごっていた」とすると、リアルになる。

また、「潮のにおいが漂ってきた」「町の中からお囃子の笛の音がかすかに聞こえてきた」とすると、それもまたリアルに感じられる。ところどころにそのような色や音を加えると、文章に深みが出る。

●ほかの人では気づかないディテールを示す

その経験をした人でないと気づかないようなことを書くのも、リアリティを増すためのうまい方法だ。読んでいる人に、「なるほど、本当に体験した人はそう感じるのか。体験していないと、そんなことはわからないな」と思わせると、その話に信憑性が生まれる。本当に苦労してそれを成し遂げた人にしかわからないような気持ちなどを示すとよい。

●きれいごとを書かない

子どものころに学校で書かされた作文の影響で、道徳的なことを書かずにいられない人がいる。最後に「友情の大切さを改めて感じた」「人の心がどれほど世の中を動かすのかを感じた」などと付け加えずにはいられないようだ。それよりは人間には弱い心、悪い心があることを認めたうえで書くほうがリアリティは増す。

●重ね言葉・形容句を用いる

「課長は疲れた様子だった」と書くよりは、「課長はとぼとぼとした足取りで歩いてきた」と書くほうがリアルになる。「とぼとぼ」「ぼそぼそ」「かりかり」などの重ね言葉は、簡単に使えてリアリティを出すのに有効だ。そのほか、「しょんぼりした様子で」「心ここにあらずといった様子で」などの形容をすると、リアルになる。そのような形容句にふだんから気を付けておくとよい。

問題13 次の文は、あまりリアルに書かれていないため、状況が目に見えるように伝わってきません。もう少しリアルな文に改めてください。

会社からの帰り、最寄り駅から自宅までの道を歩いていると、向こうから中年男がやってきて、私の前で「世界征服を企てているのは、お前か」と言った。

解答例

会社からの帰り、人気のない高校のグラウンド横の薄暗い道を歩いて自宅に向かっていた。向こうから人影。まるで暗いところを選んでいるかのように道の端をすたすたと歩いてくる。すれ違うと思った瞬間、私の前で立ち止まった。地味なスーツ姿の小柄な中年男だ。男は私の顔をじっとにらみつけ、絞り出すような声で言った。「世界征服を企てているのは、お前か」。

会社からの帰り、夕方の商店街を歩いて家に向かっていた。真冬の寒さなのに、ピンクのTシャツに短パン姿でサンダルをはいた男が見えた。ひどいガニ股で、まるで私を知っているかのようにまっすぐに近づいてくる。通せんぼするかのように私の前で立ち止まって大声で叫んだ。「世界征服を企てているのは、お前か」。

問題14 次の文は、あまりリアルに書かれていないため、状況が目に見えるように伝わってきません。もう少しリアルな文に改めてください。

深夜のこと、旅館の部屋で眠っていると、枕元で声が聞こえるので、声の主を捜すと座卓の上の人形だった。人形は血で汚れており、「殺されそうなの、助けて」としゃべっていた。

解答例

耳元で声がしたような気がして目を覚ました。が、ここは人里離れた温泉地の古びた旅館の一室。一人旅なので、部屋には自分のほかに誰もいない。が、間違いない、女性の呻《うめ》くような声が聞こえる。暗がりの中、声の方向を見た。座卓の上に旅館には場違いなフランス人形がだらりと横たわっている！「殺されそうなの、助けて」。口を動かしているようには見えないのに、間違いなくフランス人形から苦しげな声が聞こえてくる。人形の胸から腹にかけて真っ赤な血がべったりと付いている。

問題15 次の文は、あまりリアルに書かれていないため、状況が目に見えるように伝わってきません。も

う少しリアルな文に改めてください。

大手のA社の前社長の葬儀に行ったが、10年前に今の社長と対立して辞任したためだろう、閑散としていて、会社関係者も個人で来ているだけのようで、元有名社長の葬儀とは思えないほどだった。

解答例

大手のA社の前社長Xさんの葬儀が品川の○○斎場で行われた。テレビ出演も多く、広く顔を知られていたが、今の社長と対立して辞任し、その後10年たっての逝去である。会場では三つの葬儀が行われていたが、Xさんの葬儀が最も質素だった。受付にいるのも、親戚の人らしい場慣れしない女性、花輪も普通のサイズのものが六つだけで、手作り感さえ覚える葬儀だった。A社の花輪は副社長からのもの一つのみだった。参列者は100人ほどで、A社関係者は個人で来ているらしく、パラパラと数人の顔を見ただけだった。

第四章　読解力を鍛える

なぜ多くの人が読解を苦手とするのか

これまでに本書が行ってきたことを整理してみよう。

なぜ、多くの人が読解を苦手とするのか。なぜ文章を理解できないのか。読み取れない第一の理由、それは言葉を運用することができないからだ。辞書的な意味を知っていても、それを活用できない。抽象的な文が現れたら、次にそれを具体的に説明したり、逆に具体的に書いたら、あとで抽象的にまとめるといった基本的な言葉の仕組みが頭に入っていない。また、いくつもの表現を用いてそれを使いこなすことができない。

そこで第二章で、語彙力の養成を行った。書き換え力をつけ、言葉を自分で運用するうちに言葉を操れるようになることを目指した。

文章を読解できない第二の理由、それは文章を自分で書いた経験が少ないからだ。書けば、抽象と具体の仕組み、文章の論理構造、書き手の様々な工夫が理解できる。どのようなところに苦労して根拠を示したり、文章にリアリティを持たせているのかが実感としてわかる。そうなると、読解もしやすくなる。

そこで第三章では文章を書く練習をした。そうすることで文章を自分のものにでき、読解のための力もつけた。これで、読むための基本的な準備はできた。

本章では、いよいよ読解に進む。これまで身につけたテクニックのいくつかを応用して読み取りをしていくことに主眼を置く。

第二章と第三章で練習したことに気を付けて、読み進めていく。読み取るための主たるポイントをいくつか挙げる。

読み取りの手順(1) 抽象と具体を解きほぐす

前にも説明した通り、文章は抽象と具体からなっている。ところが、読解の苦手な人はその区別がすぐに頭に入らない。問われれば答えられる場合が多いが、それがすらすらと理解できない。したがって、まずは意識的に抽象と具体を解きほぐしてみる。すらすらと頭に入ればよいが、そうでなかったら、抽象と具体を意識しながら読んでみる。

読み取りの手順(2)「確かに……。しかし……」のパターンをつかむ

第三章で、私は「確かに……。しかし……」という書き方を推奨した。このような書き方をするのは、自分の論理を客観的にするために、あえて反対意見を考慮して譲歩するというテクニックだった。この表現を身につけることによって、論を深めることもでき、相手に譲歩する形をとることもでき、ある程度の字数が必要な場合にはうまく字数配分ができるという利点がある。

ところが、実はこの表現は読解においても重要な意味をなす。読解の苦手な人は、この「確かに……。しかし……」の仕組みを十分に理解できていないのだ。

多くの文章が、「確かに……。しかし……」のパターンを使っている。複雑な文章になると、一ページの紙面でこのパターンのオンパレードになる。「このように語る人がいるが、それはおかしい。また、このような意見があるが、それも問題だ。そのためこのような問題が出てくるが、それは間違っている」といったように文章が展開される。読解の苦手な人はそれについていけない。

前章でこのパターンの書き方を身につけたので、読み取りもできるようになっている

はずだ。それを思い出して読み取ってみる。

読み取りの手順(3)　四部構成の「型」で読む

文章を読んで、まず構成を論理的に解きほぐし、どのような構成で書かれているかを探る必要がある。その場合、小論文の基本である四部構成を考えて読むとよい。

第三章で説明した四部構成の書き方もまた、たんに書く場合に使えるだけではない。読むときにも使える。

論文ふうのものはほぼ100パーセント、それ以外でもかなりのものが問題提起、意見提示、展開、結論という四部構成になっていると考えてよい。

たとえば、新聞の社説なども多くの場合、政治的な動きが説明され、そのような行動が好ましいかどうかを問題提起する。それから、「確かに、この行動にはこのような意図があるのだろう。しかし、それには問題点もある」と続けて、その内容を吟味する。そして、最後の結論を示して、今後の方向性を提示して終わるだろう。

学術論文も同じような形をとっている。最初に研究課題を示し、その後、先行論文についての検証をする。この部分は大まかには、「確かに、先行論文はこの点で功績があった。しかし、不足があった」などとまとめられるだろう。そして、次に自説の検証に入って、最後の結論を示す。

このように、多くの文章がこの「型」を用いている。それを意識して読むわけだ。ただし、もちろん実際の文章では段落が四つとは限らない。それ以上のことが圧倒的に多い。また、「型」通りの、「……だろうか。確かに……。しかし……。なぜなら……。したがって……」という表現は用いられていないことが多い。

多くの文章は以下のような構成になっている。

●第一部のパターン

第一部の問題提起には次のようなパターンがある。

・疑問文で示す　「……だろうか」などと疑問文で問題提起する
・結論を示す　「私は……と考える」などと自分の意見を最初に示す

・事実だけを示してほのめかす 「このようなことが起こっている」という状況だけを書いて、問題提起は表立ってすることなく、ほのめかすだけにしている

●第二部のパターン

「確かに……。しかし……」のほか、以下のような表現が用いられる。時には、一つの「確かに……。しかし……」ではなく、複数の反対意見に考慮して、いくつもの「確かに……。しかし……」を重ねることもある。そのほか、「なるほど……。ところが……」「……の面がある。一方……」「……とされている。しかし……」「それには、……の面がある。だが……」「一方では……。しかし、他方では……」などが用いられる。

133ページの文章では、第2段落で「もちろん、つまらない本もある。……だが、それがつまらないのは、私にとってに過ぎない」とあって、そこで「確かに……。しかし……」の変形が用いられている。

●第三部のパターン

文章の最も大事な部分なので、定式化するのは難しい。様々なパターンで自説の根拠を示し、その背景などを深めていく。

●第四部のパターン

結論を示すのが原則だが、実際の文章では、ちょっと余計なことを加えたり、付け足しめいたことを語る場合もある。

読み取りの手順(4) キーワードとその意味を正確にとらえる

四部構成に直したら、次にこの文章のキーワードは何なのかを考え、その意味を正確にとらえる努力をする。ほとんどの場合、最も多く出てくる用語がキーワードだ。ただし、そこに特殊な意味が込められている場合があるので、注意する必要がある。文章中にその説明があったら、それをしっかりとチェックする。

読み取りの手順(5) 何に反対しているかを考える

文章を書くということは、何かを主張しているということだ。そして、何かを主張しているとは、何かに反対しているということだ。つまり、「……ではない。……なのだ」と、ほとんどの文章は語っている。したがって、その文章が何を言いたいかを理解したかったら、何に反対しているかを考えるといい。

文章を読んで、文字面はわかるのだが、何を言いたいのかよくわからないことがある。あるいは、会議で人の意見を聞いている場合も、その主張がわかりにくいことがある。そのように感じるのは、それが何に反対しているのかをとらえきれずにいるときだ。

その人の語る内容について知識がない場合、はっきりと反対していることをその人自身が示したくなくてぼかしている場合など様々だが、ともあれ、何に反対しているのかがわかれば、その人の言いたいことがはっきりする。

しかも、課題文が何に反対しているかが明確になれば、その人の意見について考える場合の手掛かりになる。対立軸が明確になるので、その意見についての自分の考えを深めるとき、論点が明確になる。

なお、そのときヒントになるのが、第二部だ。この部分で示される「確かに……。しかし……」の「確かに」のあとに示されている考えを見ると、多くの場合、筆者がどのような意見を対立意見として示しているのかが理解できる。

読み取りの手順(6) 主張を把握し、根拠を整理する

ほとんどの場合、その文章が最も強く反対していることの裏返しが、その文章の最大の主張だ。「○○がよい」という考えに反対している場合、「○○はよくない」と言おうとしていると考えられる。まずはそのような最大の主張を明確にとらえる必要がある。だが、それだけでなく、その根拠もきちんととらえておくのが望ましい。それをしっかりと整理できてこそ、文章を読み取ったといえる。

読み取りの手順(7) 要約してみる

主張を読解できたら、もちろん、そこで読む作業をやめてよい。だが、時間的余裕があったら、要約してみると、いっそう文章を明確に読解できる。

中学、高校の国語の問題などで文章を要約する練習をしたことのある人は多いだろう。中には、「天声人語」の要約という、読解力を養成する目的にとってはほとんど意味のない苦行を強いられて苦労した人もいるに違いない。

が、それほど面倒なことを考える必要はない。もし余裕があったら、100字程度で大まかに課題文を要約してみるとよい。その文章の最も主要な主張は何か、そのためにどのような説明がなされているかをまとめる。

要約する場合には、79〜83ページで紹介した基本A型か基本B型を用いればよい。基本A型を用いる場合には、初めにその文章の最大の主張を示して、その後にそれを説明する。基本B型を用いる場合には、説明を先にして、最後に主張を示す。課題文をきちんと読み取れていれば、要約をするのは少しも難しくない。基本A型を用いるか基本B型を用いるかについては、元の文章による。元の文章が初めに主張をしていれば基本A型、主張が最後に出てくるのであれば、基本B型を用いる。

読み取りの手順(8) 3WHAT3W1Hを検証する

これまで説明してきたことで文章は正確に読み取れたはずだ。ここまでで正確な意味での読解作業は終了する。

だが、読書をそれで終わらせるのは少しもったいない。そこに書かれている内容をうのみにしないで、自分なりに、それが正しいかどうか、それに同意できるか掘り下げてみてはどうだろう。

そのための簡単な方法として、文章を書くときに用いた「3WHAT3W1H」検証法がある。

簡単に、これらの項目を考えて、文章中に語られていることについて検証してみるわけだ。そうすることで、批判的に文章を読むことができる。

たとえば、「定義」を検証してみて、その文章が定義をあいまいにしたまま書かれているのに気づくこともある。「現象」を考えて、その文章が筆者に都合のいい現象ばかりを強調しており、それ以外の現象が起こっていることを考慮していないのに気づいたりする。また「歴史的状況」を検証して、その文章の主張と同じような考えがかつてすでに発せられて失敗に終わっているのに気づいたりする。
このような検証をしてこそ、文章を深く読んだことになる。
以上のことを踏まえながら、読解の練習をしていこう。

問題16 次の文章を読んで問いに答えてください。

世の中にはたくさんの本が出ている。歴史に残るような思想書から、学術的な専門書、エンターテインメント本、読み捨てのいかがわしい本など様々だ。だが、それらすべてが良書だと考えるべきだと私は思っている。

もちろん、つまらない本もある。「そんなこと、わざわざ言ってもらわなくても、俺はとっくに知ってるよ」と言いたくなることしか書かれていない本もある。主張は目新しいが、その正当性にまったく説得力を感じない本もある。まったく面白くない本もある。だが、それがつまらないのは、私にとってに過ぎない。

本には対象がある。若者向きだったり、高齢者向きだったり、女性向きだったり、男性向きだったり、プロ向きだったり、初心者向きだったり。中年男である私が女性向けのファッションの本を読んだら、当然、つまらないと思うだろう。普通の小学生がドストエフスキーを読んでもつまらないと思うだろう。

それゆえ、私が驚嘆して読んだ本をほかの人がつまらないと腐し、逆に、私が読む価値がないと断じた本を座右の書にしている人がいるといった事態が起こる。

本というのは、人間と同じようなものだ。一律の価値によって優劣を決めることはできない。人気者がいるのと同じように、ベストセラーがある。嫌われ者がいるように、誰からも手に取られない本もある。だが、どれもがそれぞれの価値を持っている。それを求めている人の手に求めているときに渡れば、それは良書になる。

それゆえ、私はインターネットの書評サイトなどで、まるで自分を神であるかのように本の優劣を断定しているものには激しい抵抗を感じる。もちろん、書評をするのは悪いことではない。本を批判したりほめたりするのも、もちろん大事なことだ。だが、あくまでもそれは、その人の知識と関心と人柄によっての判断でしかない。つい神の立場でものを言いたくなる気持ちはわからないでもないが、それはあまりに傲慢というものだろう。

知識のある人間が入門書を幼稚すぎるとけなし、知識のない人間が専門書をわかりにくいとけなす。しかし、それは単に自分の背丈にあっていない本を求めただけのことに過ぎない。きちんと自分の背丈にあった本を探して買うのが、読者の務めだと、私は思う。

本について語るからには、あらゆる本に愛情を持つべきだと私は考えている。そうしてこそ、本を批判する資格を持つと思うのだ。

しかし、それは逆に言うと、誰にでもよい本などは存在しないということだ。たとえば、私はドストエフスキーの『カラマーゾフの兄弟』は世界最高峰の文学作品だと信じている。だが、これが誰に対してもよい本かというとそうではない。もし生半可な知識で読んでしまうと、むしろ有害になるということも考えられる。

本は相手があってこそ、価値を持つ。それ自体で価値があるわけではない。読者との関係によって、それが良書になったり、そうでなくなったりする。そうしたことを常に心がけて本に対するべきだと、私は考えている。

（樋口裕一『差がつく読書』角川ｏｎｅテーマ21、2007年）

（問1）この文章を「問題提起・意見提示・展開・結論」に分析してください。

（問2）この文章のキーワードは何ですか。

（問3）この文章は何に反対しているでしょうか。簡単に示してください。

（問4）この文章の主張を簡単にズバリと示してください。文中の言葉を用いる必要はありません。

（問5）この文章を80字以内で要約してください。

（問6）この文章で語られる内容について、3WHAT3W1Hを検証してください。

解答例

（問1）
・第一部（第1段落）……問題提起。「すべての本が良書である」
・第二部（第2段落）……意見提示。「確かに、つまらない本もある。しかし、それがつまらないのは、私にとってに過ぎない」（文中では、「もちろん……。だが……」という表現になっている）
・第三部（第3〜第9段落）……展開。「本には対象がある。ある人にとってつまらない本でも、ほかの人にとっていい本かもしれない。すべての本はそれを求めている人に読まれると、良書になる」

・第四部（最終段落）……結論。「本は、読者との関係によって良書になったり、そうでなくなったりする」

（問2）

「本」「良書」

（問3）

この文章は「つまらない本がある」という常識に反対している。

（問4）

「つまらない本はない。本は、それを求めている人の手に渡れば良書になる。つまり本に客観的な良書、悪書の基準はない」

（問5）
「すべての本が良書である。本には対象がある。ある人にとってつまらなくても、ほかの人にはいい本かもしれない。すべての本は、求めている人に読まれると良書になる」

（問6）
・定義　省略

・現象（どんなことが起こっているかを考えてみる）
誰が読んでもつまらない本があるのでは？
危険な本があるのでは？　犯罪誘発、危険な思想。それらは良書とはいえないのでは？
客観的に見ていい本があるのでは？　文学作品、歴史に残る名著、世界を動かした本
「つまらない本」を愛読している人が多い
書評サイトのレビューに一方的な厳しい評価、偏った評価

・結果（つまらない本が読まれるとどうなるかを考えてみる）
文化の低迷をひきおこしはしないか？
つまらない本とよい本の区別ができなくならないか？

・理由、根拠（賛成・反対の根拠を考えてみる）
「課題文に賛成（すべてが良書である）」
本は読まれて意味を持つのであって、成長過程によって良書は異なる。そこから何を得るかが本の価値なのだから、そこから何かが得られるものはすべて良書である
読書は、著者と読者との対話である。読者との関係によって、本の価値が決まる。人と人が会話してそこから何かが得られるのと同じである。読者がそこから何を引き出すかによって、本の価値は決まる。本に客観的基準はない
権威が良書であるかそうでないかを決めると、抑圧になる。かつては禁書が行われたが、

それに近い行為になり、思想統制につながる。様々な正しさ・価値を認めるべきである。そのためには、すべての本を良書ととらえて、そこに書かれた多様な考え方を認めるべきである

「課題文に反対」

内容に信頼性のない本や危険な思想、差別意識などを広める本もある。すべて良書とみなすと、それらの本までも認めてしまうことになる。危険な本については社会全体で危険性を訴える必要がある

文学作品・哲学書などの良書がある。すべて良書とみなして、質の高くない本までも認めると、本当の良書までも同じレベルとみなすことになり、国民がいいものの判断ができなくなる。その結果、文化水準の低下を招く恐れがある

多様な考え方を身につけるために良書が必要である。多様な価値を認めないような本が悪

書である。悪書は精神をゆがめる恐れがある。識者が読書の指針を示して、良書を多くの人に読んでもらい、多くの人が良書を認識できるようにする必要がある

・歴史的状況
かつては政府が「悪書」を決定
かつては選ばれた本しか出版できなかった
・地理的状況
国によっては出版制限があって、「悪書」は出版できない
・対策については省略

では、次の問題に取り組んでいただこう。
以下に示す文章はかなり前に、鶴見大学短期大学部の小論文の入試問題として出題さ

れたものだ。教育学の大家・村井実先生の大変深みのある文章だが、この部分のみを出題すると読み取れない人が多い。

この問題を高校生や大学生に解かせたことがある。信じられないほどにできなかった。前にも示した通り、これを正確に読み取れる人は難関校に合格できるレベルだといえるほどだ。特に、この文章のキーワードをしっかりと取り出し、その意味を明確に考えてほしい。それをすれば取り違えることはないはずだ。そこで、これまですでに参考書で以下の問題を取り上げたことがあるが、再び取り上げさせていただく。

なお、入試問題では原文を改変しているが、本書においても、入試問題に基づいて、改変された文章を掲載させていただく。

問題17 次の文章を読んで問いに答えてください。

「教育」が「飼育」になる——それはいったいどういうことでしょうか。

私たちは、「教育」と「飼育」と、この二つのものの論理的なちがいをはっきり見分けるだけの目を持たなければなりません。

どちらも相手を「善く」しようという意図から出ていることにはちがいありません。また、人間を相手とする「教育」の手つづきと、牛や馬を相手とする「飼育」の手つづきとは、見た目にはほとんど大きなちがいはないかもしれません。しかし、それにもかかわらず、私は、この二つは、ことがらの論理の上で、はっきりと区別されなければならないと思うのです。

牛や馬を相手に飼育をするばあいを考えてみてください。まず牛や馬の子どもを囲って、すくすくと元気に育つように世話をします。多分その間に、跳んだりはねたりして遊ばせながら、この牛は肉牛向き、この馬は競走馬向きなどの見当をつけます。そうして、それぞれの個性を存分に伸ばすことができるように、そしてそれぞれがすぐれた肉牛や競走馬になるように、そろそろこういう餌を食べさせようとか、こういう運動をさせようとか、一日一日を計画的に生活させてやるわけです。こうして、牛や馬の方では、べつに自分が肉牛になりたいとか、競走馬になりたいとか思ったわけではないのに、元気に、楽しく、一生懸命に生きている間に、まんまとお美味しい松阪牛や競走馬に仕立てられているという結果になります。もちろん、こうしたプロセスが、一斉に、一様に、すべての牛や馬についてうまくいけばいくほど、飼育は大成功であり、りっぱな飼育といわれるわけです。

この「飼育」の仕事は、私たちの「教育」の仕事と、どこがちがうのでしょうか。

（村井実『新・教育学のすすめ 子どもの再発見』小学館、1988年より一部改変）


（問1）この文章を「問題提起・意見提示・展開・結論」に分析してください。

（問2）この文章のキーワードは何か、それはどのような意味かについて簡単に説明してください。

（問3）この文章は何に反対しているでしょうか。簡単に示してください。

（問4）この文章の主張を簡単にズバリと示してください。文中の言葉を用いる必要はありません。

（問5）この文章を100字以内で要約してください。

（問6）この文章で語られる内容について、3WHAT3W1Hを検証してください。

解答例

（問1）

・第一部（第1・第2段落）……問題提起。「私たちは、『教育』と『飼育』のちがいをはっきりと見分ける目を持たなければならない」
・第二部（第3段落）……意見提示。「（確かに）どちらも相手を『善く』しようという意図から出ている。また、見た目にはほとんど大きなちがいはない。しかし、はっきりと区別されなければならない」
・第三部（第4段落）……展開。飼育と教育について説明（のちに解説）
・第四部（第5段落）……結論。「この『飼育』の仕事は、私たちの『教育』の仕事と、どこがちがうのか」

（問2）
「教育」＝「自主的に、自分が何かになりたいために身につける」
「飼育」＝「自分からなりたいと思わないのに、仕立てられる」

解説

文中をまとめてみると、飼育については、以下のような説明がある。

「この牛は肉牛向き、この馬は競走馬向きなどの見当をつけ、それぞれの個性を存分に伸ばすことができるように計画的に生活させる。牛や馬の方では、自分が肉牛になりたいとか、競走馬になりたいとか思ったわけではないのに美味しい松阪牛や競走馬に仕立てられている」。

ここから、「自分からそうなりたいと思わないまま、受動的に仕立てられる」というのが「飼育」の意味だということがわかる。「教育」はそれとは反対のものとしてとらえられているわけだから、「自分からなりたいと思って身につける」のが「教育」だということがわかる。

なお、注意していただきたいのは、この部分を読んだだけで、文意を取り違える人が多いのは、「教育」と「飼育」について、具体的な説明をしていないからだ。この部分は一冊の本の中の一部であり、その具体的説明はこの部分のあとで語られるわけだ。しかし、そのために、この文章は、読解力を測るいい教材になっているといえるだろう。

いずれにせよ、具体・抽象という説明がなされないと誤解する人、理解できない人が増えるという一つの証拠でもある。

なお、付け加えておくが、この文章は本全体の中で問題を提起した部分なので、主張の根拠を示していない。そのことも確認しておきたい。


(問3)

教育と飼育の区別がつかずにいる状況、すなわち、教育が自主的なものでなく、飼育のようになっている状況に反対している。


(問4)

「教育は自主性が重要だ」


(問5)

「現在は、教育と飼育が十分に区別されていない。教育には自主性が必要なのに、現在の教育は飼育のようになっている。まるで飼育のような、生徒の自主性を軽視した教育のあり方を改めるべきだ」

（問6）
・定義
「教育」＝「自主的に、自分が何かになりたいために身につける」
「飼育」＝「自分からなりたいと思わないのに、仕立てられる」

・現象
自主性を無視した教育（一方的な押し付け教育）
受験のための学校も多い
アクティブラーニング、課外学習など自主性重視も増えている
体罰が行われている学校もある（氷山の一角かも）

・結果（自主性を重視するとどうなるかを考えてみる）
ある程度強制しないと教育は成り立たないのでは？
自主性に任せると、クラス運営は成り立たないかも（子どもたちみんなが自主的に学びたがっているとは思えない）
学びたい気持ちがないと学習内容が身につかない

・理由、根拠
「課題文に賛成」

教育とは、子どもの自主性を引き出し、学ぶ心を手助けすることである。そうであってこそ、子どもは自分から伸びていく。子どもに発見する楽しさを教えて、自分から好奇心を持って勉強に取り組むようにするのが教育の務めだ

今、親たちは進学のため、いい就職先のための教育と考えて、子どもたちに無理やり受験技術や知識を詰め込んでいる。だが、興味を引かれたことがらを自分から探究できるよう

にしてこそ、子どもたちの知識が増える。これからの社会には、独創性が必要である。社会を自分なりに分析し、新しい思考を見つけ出すような教育であってこそ、これからの社会の教育といえる

今の教育は、国家の考えを教え込むものになっているが、教育の主体は社会ではなく、子どもたち本人にある。したがって、自主性があってこそ教育が成り立つ。教育は自主性を重視するものでなくてはならない

「課題文に反対」

本当に自主性に任せていたら、教育は成り立たない。学びたいと思っている子どもはむしろ少数である。ある程度強制して無理やりにでも学ばせてこそ、その後に探求心が生まれる

子どものころに、民主主義国である日本の価値観をきちんと教えてこそ、グローバルな社

会に貢献する国民が生まれる。自主性に任せていたら、日本の理念から外れた国民が生まれる恐れがある

・歴史的状況
かつては詰め込み教育　暗記主義　受験地獄
2000年ごろから「ゆとり教育」
「ゆとり教育」は自主性重視の教育だったが、失敗

・地理的状況
欧米では、かなり自主性を重視した教育が行われている
フィンランドの教育……点数をつけずに自主性重視

・対策
教えるのがうまい先生でないと成り立たないので、教員研修を重視する

次にほんの少し哲学的な文章を選んでみよう。弘前大学人文社会科学部の２０１８年度の小論文入試問題として出題された文章で、かなりわかりやすい文章だが、読みなれない人にはとっつきにくいかもしれない。なお、この文章についても、入試問題に基づいて、原文そのものではなく、改変された文章を掲載する。

問題18　次の文章を読んで問いに答えてください。

何年も前のことですが、「有用性」について考えを巡らせたことがあります。「有用性」というのは、20世紀前半のフランスの思想家で小説家のジョルジュ・バタイユが提示した概念で、要するに「役に立つこと」を意味します。

資本主義に覆われたこの世界に生きる人々は、有用性にとりつかれ、役に立つことばかりを重宝し過ぎる傾向にあります。将来に備えて資格のための勉強をすることは言うまでもなく有用です。ところが、その勉強は未来の利益のために現在を犠牲にする営みであるとも言えます。現在という時が未来に「隷従」させられているのです。有用な営みに覆われた人生は奴隷的だとバタイユは考えました。

バタイユは「有用性」に「至高性」を対置させました。「至高性」は、役に立つと否とに関わらず価値のあるものごとを意味します。「至高の瞬間」とは未来に隷属することない、それ自体が満ち足りた気持ちを抱かせるような瞬間です。

注意してもらいたいのは、バタイユが市場で交換価値を持つものを貶めて、そうでないものを称揚しているわけではないということです。「奇蹟的な感覚」をもたらす一杯のワインは、スーパーの酒類コーナーで買ってきたものでも構わないのです。ポリフェノールは体に良いなどと分別臭いことを言って、この上ない陶酔をもたらし得るワインを未来の健康のための手段へと変えてしまうせせこましい思考回路をバタイユは軽蔑しています。さらに私たち近代人は、人間に対してですら有用性の観点でしか眺められなくなり、人間はすべからく社会の役に立つべきだなどという偏狭な考えにとりつかれているように思われます。

現代社会で失業は、人々に対し収入が途絶えるという以上の打撃を与えます。つまり人としての尊厳を奪うわけですが、それは私たちが自らについてその有用性にしか尊厳を見出せない哀れな近代人であることをあらわにしています。経理係を務めているがために価値があると見なされている人間は、情報技術が経理業務の一切を担うようになればその価値を失うことになります。

要するに、有用性という価値は普遍的なものではなく、波打ち際の砂地に描いた落書きが波に洗われるように、やがては消え去る運命にあるのです。

機械の発達の果てに多くの人間が仕事を失います。役立つことが人間の価値の全てであるならば、ほとんどの人間はいずれ存在価値を失います。したがって、役に立つと否とにかかわらず人間には価値があるとみなすような価値観の転換が必要となってきます。

（井上智洋『人工知能と経済の未来　２０３０年雇用大崩壊』文春新書、２０１６年より一部改変）

（問１）この文章を「問題提起・意見提示・展開・結論」に分析してください。

（問２）この文章のキーワードは何か、それはどのような意味かについて簡単に説明してください。

（問３）この文章は何に反対しているでしょうか。簡単に示してください。

（問４）この文章の主張を簡単にズバリと示してください。

（問5）この文章を200字以内で要約してください。
（問6）この文章で語られる内容について、3WHAT3W1Hを検証してください。

解答例

（問1）

・第一部（第1段落）……問題提起。「『有用性』について考えたことがある。『有用性』とはジョルジュ・バタイユが提示した概念で、要するに『役に立つこと』を意味する」
・第二部（第2段落）……意見提示。「確かに、資本主義に覆われたこの世界に生きる人々は、有用性にとりつかれ、役に立つことばかりを重宝し過ぎる。しかし、有用な営みに覆われた人生は奴隷的だとバタイユは考えた」
・第三部（第3〜第6段落）……展開。「バタイユは『有用性』に『至高性』を対置させた。『至高性』は、役に立たなくても価値のあるものごとを意味する。近代人は、人間に対してですら有用性の観点でしか眺められなくなっている」
・第四部（最終段落）……結論。「仕事によって役に立つか立たないかといったこととは別の視点で、人間には価値があるとみなすような価値観の転換が必要だ」


（問２）

「有用性」＝「役に立つこと。未来に隷属」

「至高性」＝「役に立たなくても価値がある」


（問３）

「人間を有用性で考えること」に反対している。


（問４）

「役に立つと否とにかかわらず人間には価値があるとみなすような価値観の転換が必要だ」


（問５）

「資本主義に覆われたこの世界に生きる人々は、有用性にとりつかれ、役に立つことばかりを重宝し過ぎる。しかし、バタイユは、有用な営みに覆われた人生は奴隷的だと考え、『有用性』に『至高性』を対置させた。『至高性』は、役に立たなくても価値のあるものごとを意味する。仕事によって役に立つか立たないかといったこととは別の視点で、人間には価値があるとみなすような価値観の転換が必要だ」

（問6）

・定義

「有用性」＝「役に立つこと。未来に隷属」

「至高性」＝「役に立たなくても価値がある」

・現象

現在、有用性で人間の価値が測られている

報酬・社会的地位が有用性によって決定する

仕事の有益度によって、人の価値が判断される

仕事についていない人（障害のある人、高齢者）もいる
仕事についていない人もその存在自体に価値がある

・結果（役に立つことで人間の価値を測らないとどうなるか？）
すべての人間の価値は同等
仕事をしなくてよいということにならないか？
社会の役に立たなくていいということにならないか？
社会の役に立つということのほかにどのような価値基準がある？

・理由、根拠
「課題文に賛成」

人間は生きていることに価値がある。人間の価値は生産性によって決まるわけではない。

仕事によってどれほど生産したかではなく、その人がどれほど愛されたか、どれほど自分らしく生きたかにこそ価値がある

人間は社会のために存在するのではない。あるいは、何かをするために生きているのではない。人間そのものとして存在する。生きていること自体が至高である。むしろ、生きることを支えるために仕事をするなどの有用なことをしているにすぎない。現在は目的と手段を逆転させて考えている人が多いが、それは間違いである

仕事などの人間の活動は至高なものを得るための行為であるべきだ。仕事には有用性が必要だが、あくまでもその目的は「愛」「役に立たない楽しみ」「芸術」「旅行」などの至高なものだ。仕事によって人間の価値が決まるわけではない

「課題文に反対」

人の役に立つこと、社会の役に立つことで人間の価値が決まる。多くの人に喜びや安心を与えたのだから、人間として価値があるといえる。どれほど社会に貢献したかによって、その人の評価が高まり、報酬が得られるのは当然である

社会に有用な人間に価値があると認めないと、社会に貢献する人間が生まれてこない。そうなると社会はいつまでも発展することなく、進化することもなくなる

・歴史的状況、地理的状況、対策は省略

読解訓練の最後に、骨のある文章に取り組んでいただこう。以下は慶應義塾大学経済学部の2016年度の小論文の入試問題だ。慶應大学の小論文入試は骨のある問題が出ることで知られているが、経済学部は文学部や法学部と異なって、例年それほど難しい文章は出題されない。

ところが、この年度は例外的にマイケル・サンデルの難しい文章が出題された。読解力を試すにはよい問題だと思う。ただ、慶應大学を目指す優秀な生徒たちであっても、この文章の読み取りにはてこずっただろう。しかも、読み取るだけでなく、実際の入試ではこれを読んだうえで小論文を書かなければならなかったので、多くの受験生がパニ

ックに陥ったのではないかと思う。
もちろん、大学としては、このような課題でも冷静に読み取り、冷静に小論文を書けるような受験生を求めたのだろう。ただし、さすがに、この文章の主張に対する賛否については大学側も求めていない。それに答えるのは慶應大学合格を目指す生徒にも難しいだろう。なお、この文章においても、入試問題のために改変された文章を掲載する。

問題19 次の文章を読んで問いに答えてください。

われわれの生活を律する公共哲学の中心思想は、自由とはみずからの目的をみずから選ぶ能力にあるというものだ。政治が国民の人格を形成したり、美徳を涵養したりしようとするのは間違っている。そんなことをすれば、「道徳を法制化する」ことになりかねないからだ。政府は、政策や法律を通じて、善き生に関する特定の考えを支持してはならない。そうではなく、中立的な権利の枠組みを定め、その内部で人びとが自分自身の価値観や目的を選べるようにすべきなのだ。(中略)
自由についてのこうした見方は実になじみ深いため、アメリカの政治的伝統における不変の特徴のように思えるかもしれない。だが、支配的な公共哲学として、こうした見方が登場したのは最近のことであり、この半世紀ばかりのあいだに広まってきたのだ。その著しい特徴は、対立する公共哲学、つまりこの見方に徐々に取って代わられた公共哲学と比較すると最もわかりやすい。その哲学とは、ある種の共和主義的政治理論である。

共和主義的理論の中核をなすのは、自由は自己統治の分かち合いに支えられているという考え方だ。この考え方自体は、リベラルな自由と矛盾するわけではない。政治への参加は、人びとが個人的目的を追求するために選ぶ手段の一つともいえる。だが、共和主義的政治理論によれば、自己統治を分かち合うことにはそれ以上の意味がある。つまり、共通善について同胞市民と議論し、政治共同体の運命を左右するということだ。ところが、共通善について深く議論するには、みずから目的を選択し、他人にもそうする権利を認めるだけでは不十分である。公的な事柄に関する知識はもちろん、帰属意識、全体への関心、運命を左右されるコミュニティとの道徳的つながりも必要なのだ。したがって、自己統治を分かち合うには国民が一定の市民道徳を持たなければ、あるいは獲得しなければならない。だとすれば、共和主義的な政治は、国民が信奉する価値観や目的に中立ではありえないことになる。共和主義的な自由の概念は、リベラルなそれとは異なり、形成的政治、つまり自己統治に必要な特性を国民のなかに培う政治を要求するのである。

リベラルな自由の理解と共和主義的な自由の理解はともに、われわれの政治的経験のなかにずっと存在してきた。だが、そのあり方や相対的な重要性は変化している。この数十年で、アメリカ政治の市民的あるいは形成的な側面は、手続き的共和国に取って代わられた。手続き的共和国とは、美徳を育むことよりも、人がみずからの価値観を選べるようにすることに心を砕くものだ。こうした変化を考えれば、現在われわれが抱いている不満も理解できる。というのも、リベラルな自由観がいかに魅力的であろうと、そこには自己統治を支えるための市民的資源が欠けているからだ。われわれが生きる指針としている公共哲学は、それが約束する自由をもたらしてはくれない。なぜなら、自由に必要な連帯感や市民参加の感覚を呼び起こすことができないからだ。

アメリカの政治が市民の声を取り戻そうとするなら、われわれが問い方を忘れてしまった問題を論じる手だてを見つけねばならない。現在われわれが経済について考えたり論じたりする方法を考察し、アメリカ人が歴史の大半を通じて経済政策を論じてきた方法と比較してみよう。近年、われわれの経済的議論のほとんどは、考慮すべき二つの焦点のまわりを回っている。つまり、繁栄と公正である。どんな税制、予算案、規制方針を支持しようと、人びとがそれを擁護する根拠は、経済のパイを大きくするか、パイの配分をより公正にするか、さもなくばその両方か、という点にあるのだ。

経済政策を正当化するこうしたやり方はあまりにもなじみ深いため、ほかの方法はありえないように思えるかもしれない。だが経済政策に関するわれわれの議論の焦点は、必ずしも国民生産の規模と配分だけにあるわけではない。アメリカの歴史の大半を通じて、われわれは別のある問題にも取り組んできたのだ。つまり、自己統治に最も適しているのはどんな経済の仕組みか、という問題である。

トマス・ジェファソンは、経済論議の市民的な要素に古典的な表現を与えた。『ヴァージニア覚書』(一七八七年)において、ジェファソンは国内で大規模な製造業を育成することに反対した。農村の生活様式は国民の美徳を養い、自己統治に適しているというのがその理由だった。「大地で働く者は神の選民である」と彼は書いた――「真の美徳」の化身だというのだ。ヨーロッパの政治経済学者は、あらゆる国家がみずから物をつくるべきだと説いたが、ジェファソンは大規模な製造業が無産階級を生み出すことを懸念した。無産階級は、共和主義的市民に必要な自立性を欠いているからだ。「依存は従属と金銭的無節操を生み、美徳の芽を窒息させ、野心を満たすたくらみを準備させやすくする」。ジェファソンは「わが国の工場はヨーロッパに残しておいて」、工場がもたらす道徳的腐敗を避けるほうがいいし、工場で物をつくることに伴う風俗習慣ではなく工業製品を輸入するほうがいいと考えた。「大都市の群集が純粋な政府の支援にほとんど貢献しないのは、体の痛む箇所が体力を高めないのと同じだ」と彼は書いた。「共和国の活力を維持するのは人びとの習慣と精神だ。習慣と精神の堕落は悪の元凶であり、法と憲法の核心をあっというまに蝕んでしまう」

国内の製造業を育成するか、わが国の農村的性格を維持するかという問題は、建国以来数十年にわたって激論の的となった。結局、農村の意義を重視するジェファソンの考え方は主流とはならなかった。だが、彼の経済学の土台をなす共和主義的な前提、つまり、公共政策は自己統治に必要な品格を育むべきであるという前提は、幅広い支持を受け、長く影響力を保った。独立戦争から南北戦争にいたるまで、この「市民性の政治経済学」はアメリカの国民的な議論において重要な役割を演じた。実のところ、経済論議における市民的な要素は二

○世紀に入っても存在していた。

（マイケル・サンデル『公共哲学　政治における道徳を考える』鬼澤忍訳、ちくま学芸文庫、2011年より一部改変）


（問1）この文章を「問題提起・意見提示・展開・結論」に分析してください。

（問2）この文章のキーワードを二つ選び、その意味をそれぞれ50字程度で説明してください。

（問3）この文章は何に反対しているでしょうか。簡単に示してください。

（問4）この文章の主張を簡単にズバリと示してください。

（問5）この文章を200字以内で要約してください。

（問6）この文章で語られる内容について、3WHAT3W1Hを検証してください。

解答例

（問1）

・第一部（第1段落）……問題提起。「われわれの生活を律する公共哲学（＝リベラリズム）の中心思想は、自由とはみずからの目的をみずから選ぶ能力にあるというものだ（それは絶対なのか）」

・第二部（第2段落）……意見提示。「確かに、これは不変の特徴に見える。だが、それは最近生まれたものである。それに取って代わられる前は対立する公共哲学（＝共和主義的政治理論）があった」

・第三部（第3段落〜）……展開。リベラルな自由と共和主義的理論の「自由」の違いを説明

・第四部（最後の段落）……結論。ジェファソンの考え方は共和主義的な前提

（問2）

「われわれの生活を律する公共哲学」＝（つまり「リベラリズム」のこと）＝「個人は自分の価値観に従って生き方を選ぶことができ、政府はそれに口出しすべきでない」という考え方

「対立する公共哲学」＝「共和主義的政治理論」＝「すべての国民が社会参加し、共通の道徳を持たなければならない。それによって政治を進めるべきだ」という考え方

(問3)

リベラリズムが絶対だという考えに反対している。


(問4)

「共和主義的な考えを少し見直してはどうか。つまり、経済的自由が行きすぎている。もう少し国民の道徳を考えてはどうか」


(問5)

現在、私たちは、みずからの目的を自分で選ぶというリベラリズムの考えを抱いている。だが、それ以前の共和主義的政治理論はそれに反する。その考え方は、国民がどのような政治によって統治を行うか、善とは何かについて議論し、合意をし、一定の市民道徳を持とうと

するものだった。アメリカの美徳を守るために農村的性格を維持すべきと考えたジェファソンも共和主義的な考えを持っていた。その考えは今も受け継がれている。

（問6）
・定義
「リベラリズム」＝「個人は自分の価値観に従って生き方を選ぶことができ、政府はそれに口出しすべきでない」という考え方
「共和主義的政治理論」＝「すべての国民が社会参加し、共通の道徳を持たなければならない。それによって政治を進めるべきだ」という考え方
・現象
アメリカなどの国でリベラリズムが横行
リベラリズムは金儲け主義に結びつく。社会道徳を考えずに、自分の考えに従って行動する

そのために格差拡大
国民の共通善を求めるのは価値観が多様化しグローバル化した社会では無理では？
・結果（このままリベラリズムが進むと？　それを抑えると？）
このままでは格差がますます拡大
貧しい人が生きがいをなくす　殺伐とした社会
反対に、共通善を求めると、むしろ、それによって対立が起こるのでは？
・理由、根拠
「課題文に賛成（リベラリズムをやめて、共通善を探るべきだ）」
このままリベラリズムが広まると、格差が拡大して、低所得者は希望をなくす。誰もが道徳を持って自分らしく生きていくことを目指す社会を作るべきだ
これからは、特に少子高齢化が進む日本では、経済発展ばかりを目指すのでなく、低成

長・高福祉の社会を目指すべきだ。そうすることによって、自然とともに暮らすゆとりのある社会を築くことができる。そのためには、幸運に恵まれて成功した人に社会的貢献をしてもらい、たくさんのお金を出してもらうのは当然だ

リベラリズムの考えは競争重視に基づいているが、それを肯定すると、国じゅうで争って開発をするようになる。そうなると、ますます経済戦争が激しくなり、自然保護が軽視されるようになる。そうなれば、開発よりも地球との共存を目指すという自然保護の考え方が否定されてしまう

「課題文に反対」

グローバル化し、価値観が多様になった社会に、共通善を見つけるのは難しい。それをしようとすると、むしろ対立が広がる。無理やりしようとすると、強制になって息苦しい社会になる

リベラリズムに基づいてこそ、経済は発展する。共通善を見つけるということは自由を制限するということである。そうなると、不自由で停滞した社会になる。自由競争を重視して、自分の能力を存分に発揮できる社会にしてこそ、個人の自由も守られ、自由社会にできる

国際社会においては、世界の基準に合わせて国際競争を行ってこそ、健全である。国内に規制を設けて弱者を保護するということは、世界の基準に合わせずに、国内産業を保護するということであって、世界各国の企業が日本国内で活動することを排除することにつながる。それでは、各国から信頼を得られない

・歴史的状況、地理的状況、対策は省略

第五章 読解力を使いこなす

第四章までに、語彙力、文章力、読解力を養成してきた。読解力をつけて文章をしっかりと読むことは、現代人にとって不可欠だ。仕事のレポートを読み、ネット上の記事を読み、本を読む。読解力をつけることによって正確に、そして深く読み取れるようになる。

しかし、それだけであれば、たんに文章を読み取れるだけで終わってしまう。読解力の持ち腐れにならないように、それを研ぎ澄まし、ほかの分野に応用する必要がある。そうしてこそ、読解力がますます高まり、生きるための武器になる。

本章では読解力を応用する方法について解説する。

読後感を発信する

前にも述べた通り、本を読んだだけではすぐに忘れてしまう。内容を忘れるだけでなく、場合によってはそれを読んだかどうかさえ忘れるものだ。そこで、簡単でもいい。読後感をつける。そして、できればそれをブログなどで発信してはどうだろう。

読後感といっても、さしあたり、それほど大げさなものでなくていい。200字程度のものから出発して、もう少し字数を増やしていけばよい。

それを続けるうちに、仲間ができ、感想を言い合って、楽しい時間が生まれるかもしれない。読んだ本の冊数が増えていくごとに知識が深まっていくことも実感できるだろう。

書き方としては、第三章で説明した「型」を用いると、すっきりとまとまる。

①200字程度の読後感をまとめる

・第一部……その本から得たことをズバリと書く。
・第二部……第一部で書いた結論の理由を説明する。

●例

『65歳 何もしない勇気』（樋口裕一著、幻冬舎、2018年）を読んだ。65歳を過ぎた著者が「しなければいけない」という意識を捨てて気楽に生きていこうと提案する書だ。

私は「愛情の総量が幸せを決める」という考えに感銘を受けた。人や物に愛情を持てば持つほど幸せは増えるという考えだ。確かにその通りだと思った。心の中を愛情でいっぱいにすればそれだけで満たされる。愛することが生きる意欲につながる。たくさんの愛する対象を持つことが幸せに生きる秘訣だと痛感した。

（さりげなく拙著の宣伝をさせていただきました。ここに書いたのは、私が読者から言われたことです）

②もっと本格的な読後感を書く

・第一部……どんなきっかけでその本を読んだかを書く。「人に勧められて読んでみた」「書評を読んで興味を持った」「図書館でたまたま見つけた」などだ。

・第二部……本の内容を簡単に要約する。あるいは、最も気になった部分、最も感銘を受けた部分を示す。

・第三部……その本から得たのがどのようなことか、どんなところがおもしろかったかなどを書く。

・第四部……全体のまとめや、本全体についての評価。

●第三部で書く内容

第三部には、次のようなことを書くと、質の高い読後感になる。

・著者の主張に対する賛否

第二部で著者の大まかな主張を示し、次の部分で、それに対する意見を書くのが一番の正攻法だ。小論文を書いたときの要領で、それに賛成か反対か、その根拠は何かについて示す。

・本の中の気になった部分について

著書の中心的なテーマ以外であってもいいので、その本の中で「なるほど」と思ったところ、「え？　それはおかしいのでは？」などと思った部分を第二部に取り出す。そのうえで、第三部でそれについての意見を書く。

・著者の言葉を用いて、自分の人生を振り返る
著者の言葉に感心したら、それを取り出す。場合によっては、前後と特に脈絡がなくてもかまわない。その言葉によって思い出した過去の出来事、自分の体験などを示す。

・補足する
3WHAT3W1Hを検証して、補足する。「なるほど、著者の言う通りだ。歴史的にもこのようなことがあった」「これを解決するには、このような方法がある」などといったことを書く。そして、自分なりの論を付け加えるのもいいだろう。

本や資料の飛ばし読みに応用する

ビジネスパーソンが資料や本に目を通すとき、じっくりと読む時間が取れることはむしろまれだろう。ビジネスパーソンは日々、大量の資料に追われている。楽しみのための読書ではなく、仕事の資料としての書物や書類に目を通さなければならない。その場

合、しっかり読んでいたのでは間に合わない。飛ばし読みをして、要領よくポイントをつかみ、素早く判断するしかない。

そんなときにも読解力がものをいう。以下のノウハウを身につけると、効率的に飛ばし読みができる。

①既知のことは読み飛ばす

飛ばし読みの大原則として、わかりきったことは飛ばすということだ。わかりきったところまで読んでいたら、きりがない。ただし、読み飛ばすにも注意が必要だ。

●まず、信頼できる書物・文書なのかを確認する

その書物を書いたのが誰なのか、どのような資料なのかによって、その信頼度を確認する。書物の場合、定評のある出版社の定評ある著者なのかどうか、書評サイトのレビューでどのような評価なのかを確認する。あるいは、社内の人間が書いた文書などである場合には、その人物の能力、人柄、評判を考慮する。それらがしっかりしたものであ

れば、ともあれ信頼できると判断する。

●信頼できる書物・文書なのかを自分で確認する

ただし、どんなに優れた人物であっても、どんなに評判がよくても、どのくらい信頼できるかは自分で判断する必要がある。

そうした場合、既知の部分を見て、その書物や文書がどのくらい的確にポイントをとらえているかを判断する。前もって、ある程度以上の知識のある人であれば必ず押さえておくべきポイントがきちんと含まれているかどうか、それがどのくらい正確かを確認する。判断できるポイントをあらかじめ作っておくとよいだろう。

ただし、そうしたポイントが書かれていなくても、それだけでその書物や文書が信頼できないととらえるべきではない。ほかの見方をしているために、その要素を軽視しているのかもしれない。何らかの深い理由でそれが含まれていないのかもしれない。そうしたことも考慮したうえで判断する。

●**独自の視点が含まれていないかを確認する**

既知のことについては基本的に読み飛ばしてもよいが、だからといって安心はできない。ところどころを読んで、独自の視点が含まれていないかどうかを確認する必要がある。たとえ既知のことを扱っていても、その書物や文書には独自の踏み込み、独自の分析が含まれているかもしれない。それを飛ばしては、大事なところを読み落としたことになる。

以上の点を念頭に置いたうえで、以下のように飛ばし読みをする。

②「型」を認識して、重点的に読む

繰り返し説明してきた通り、多くの文章が何らかの「型」を踏まえて書かれている。まず文章を見たら、どのような「型」で書かれているかを確認する。ほとんどの文章が第三章で説明した四部構成を踏まえているだろう。

それを意識しながら、どの部分にどのようなことが書かれているかを考えて読み進める。多くの書物が、「……だろうか。確かに……。しかし……。なぜなら……。したがって……」というパターンをとった小部分の重なりになっているだろう。それを踏まえて焦点を絞って読む。

③キーワードとその意味、何に反対しているかを明確にする

ほとんどの書物には、章や節などの何らかの単位がある。まずそこで扱われているキーワード（問題点）を明確にする。そして、それに対して、著者がどのような態度なのかを明確にする。それを意識しながら飛ばし読みするだけで、要点は理解できる。

④主張とその根拠を明確にする

もちろん、著者がどのような主張をしているか、どのような根拠を示しているか、それに説得力があるかを考え、その部分を中心にしっかり読む。

⑤裏づけのためのデータや引用は飛ばす

裏づけのためのデータや引用については、基本的にその著者の考えをうのみにして、

飛ばす。もちろん、その著者の主張の根拠に疑念があるとき、反論したいとき、納得いかないときには、資料を読み返すが、とりあえずざっと理解することを求めているのであれば、それは後回しにする。

⑥3WHAT3W1Hを検証してみる

文章を読むときには、3WHAT3W1Hを検証してみる。文章の精度を確かめるには、この方法が望ましい。それをするうちに、文章の甘さに気づくことがある。定義があいまいだったり、現象について十分に検証していなかったり、地理的状況などを考えていなかったりする。

それを検証して精度を確かめ、その文章についての自分なりの判断を下す。こうすることで、ともあれ文章を読んだことになる。

日常のコミュニケーションにいかす

読解力は、もちろん会話の際にも大きな力を発揮する。読解力がついたということは、他者の考えを読み取り、理解する力がついたということだ。これまで会話がトンチンカンで、うっかりしている人、話を聞いていない人、理解力のない人などと思われていたとしても、読解力をつけたことによって十分に挽回できるだろう。

だが、もっと意識的に読解力を会話にいかしてはどうだろう。

もちろん会話は論理的に構成されないので、文章のようにはいかない。文章の場合には文中で説明されることが、会話では状況の中にある。会話は茫漠《ぼうばく》とした状況の中で展開される。それゆえ、文章の読解よりもずっと複雑な要素を持つ。

とはいえ、読解で身につけた以下の方法は、会話を円滑にするのにいっそう役立つはずだ。

①話題・キーワードを考える

今、何が話題になっているかを考える。もちろん、会話の場合には、目の前の状況によっても、ほかの人の話の内容によっても、目まぐるしく変化するので、気を付ける必要があるが、さほど難しいことではないはずだ。

②何に反対しているかを考える

文章の場合以上に、何に反対しているのかを考えることが重要だ。

文章では、何に反対しているかはほとんどの場合、文面にあらわれる。知識が不足するために、それを読み取れないことがあるが、そうでなければ、ほぼわかるはずだ。だが、会話の場合にはそうはいかない。互いにわかりきっているから、それを口に出さないことがある。口に出してしまうと支障があるので、あえてぼかしていることもある。

少しここで練習してみよう。

問題20　以下のような発言があったとする。発言した人は、何に対して反対しているのだろうか。このような発言に対してあなたが同意もしくは反対するとすれば、どのようなことを語るべきだろうか。

（1）「音楽を聴きながら勉強すると、気持ちよく勉強できる」

（2）「口で言い聞かせるだけでは、子どもは何が悪いか理解できない」

（3）「英会話の勉強のためには、英語の本をたくさん読むべきだ」

解答例

（1）「音楽を聴きながら勉強するべきではない。それだと、勉強内容が頭に入らない」という意見に反対している。

もとの意見に同意するのであれば、「私は同意します。音楽を聴いていると気分が乗ってむしろ勉強が捗ることがあります」と説明できる。反対するのなら、「私は賛成できません。音楽を聴きながらだと、勉強がおろそかになります。特に頭を使って考えるような勉強は、音楽がかかっているとできません」などと語る。

（2）「体罰をしてはならない。子どもが悪いことをしても、口で言い聞かせるべきだ」という意見に反対している。

もとの意見に同意するには、「私は賛成です。口で言い聞かせるだけでは、子どもはわかりません。体で覚えさせてこそ、危険なことやしてはいけないことをしなくなります」などと説明する。反対するには、「私は賛成できません。体罰をしても、恐怖を植え付けるだけで、なぜそれが悪いのかを心から理解することができません。きちんと言葉でわからせるべきです」などと語る。

（3）「英会話の勉強のためには、話したり聞いたり、度胸をつけたりする練習を中心にするべきだ」という意見に反対している。

もとの意見に同意するには、「私も賛成です。会話の練習だけしても、浅いことを間違いだらけの英語で話せるようになるだけです。英語の本を読んでこそ、しっかりした文法で内容のあることを話せるようになります」と説明できる。反対するのなら、「私は賛成できません。英会話の勉強のために本を読んでも、聞き取りができるようにはなりませんし、相手の話に対してすぐに口頭で返せるようになりません。度胸をつけてどしどし話す練習をするべきです」などと語る。

---

③場に応じた質問をしてみる

会話は文章と異なって、その場で質問できる。会話の場合、前に書いた通り、状況が複雑で読み取りづらいという面がある一方、気軽に質問ができるというメリットがあるといえるだろう。

最も簡単な質問は、これまで語ってきたことを確認する方法だ。すなわち、文脈が読み取れなかったときなど、「○○のことをおっしゃっているんですか？」などとキーワードを確認する。あるいは、「○○に反対なさっているんですか？」と聞いてみる。もっと端的に、「つまり、こういうことですね」と相手の主張を確認することもできる。

場合によっては、空気を読まずに何でも口に出してしまうということになりかねないが、それはそれで正確に会話を読み取ろうとする意図として好意的にとらえられることが多いだろう。

身のまわりの状況分析に応用する

前にも説明した通り、読解は状況を読み取ることと大きな関連がある。読解のできない人間は文章を読み取れないだけでなく、状況も読み取れない。人の心、人間関係、社会状況などを理解できない。逆に言えば、文章を読解できるようになれば、そのような状況についても深く読み取れるようになる。

そのような分析をいっそう深めるには、課題文を読む際に用いた3WHAT3W1Hによる検証法を用いるといい。この分析法はそのまま状況分析にいかせる。

この方法を用いて、アメリカ大統領の決断、日本の総理大臣や各大臣の考え方の方向性についてもざっと分析することができる。もちろん、深い分析には様々な領域についてしっかりと研究し、データを集めることが必要だが、ともあれ3WHAT3W1Hによって、一応の検証ができる。

この方法は、天下国家にかかわることだけでなく、会社の方針、上司の決定についての分析の手掛かりにもなる。そして、言うまでもなく、もっと身近な自分の人生の岐路について考える場合にも、有効だ。

この相手と交際するべきか、その企業に転職するべきか、転居するべきか、自宅を購入するべきかといった自分の人生の岐路についても3WHAT3W1Hを考えてみる。もちろん最終的には自分の気持ちが大事なのだが、少しクールに分析してみるのも役に立つだろう。

今問題にしているのはどのようなことか、それにはどのような反対意見（別の選択肢）があるかを考え、それについて3WHAT3W1Hを検証してみる。そうすることによって、自分が迷っていることをメモの形で表に出すことができる。そして、客観的に判断できる。

以下、「転居するべきか」について考えた例を示す。このように検証をすることによって、少なくとも何が問題なのか、自分が何に迷っているのかなどを鮮明にすることができる。

●転居についての例

・定義
会社まで徒歩を加えて70分のアパートから、40分のマンションへの転居

・現象
現在のアパート　築15年で古い（彼女を呼びにくい）
会社まで遠い

・結果（引っ越すと……）

家賃・管理費が1万5000円余計にかかる
引っ越し先には近くにコンビニ。便利さプラス
一日に1時間の通勤時間の差が1万5000円に値するか
引っ越し先は、駅からは5分ほど遠くなる（雨のときは大変）
彼女を誘ったら、来てくれるか？

・理由、根拠
「引っ越すべきだ」
生活が快適になる
1時間有効に使える　疲労しなくなる
彼女が来やすい環境（でも来てくれるか？　来てくれる可能性は40パーセント？）
少し昇給する
1時間を使って勉強もできる　仕事にもプラス

「引っ越すべきではない」
敷金、礼金が30万円かかる（預金がほとんどなくなる）
経済的に負担が大きい
彼女が来てくれなかったら、あまり意味がない

・歴史的状況、地理的状況　省略

・対策
親にちょっと泣きついて、少し援助してもらう？
代わりに月に1回、祖母を病院に連れていくことを約束する？

おわりに

２０１９年の1月から3回にわたって、幻冬舎のセミナー「幻冬舎大学」にて、私が講師を務めて「超実践！ビジネス文章力ゼミ」を開催した。意欲ある多くの方が受講してくださり、大変好評を得た。私自身もとても楽しく講義ができた。本書はその講義をもとに、加筆修正したものだ。

本文にも書いたが、もちろん、本書で取り上げた問題を解くだけで読解力が身につくわけではない。

だが、これらの問題を意識することによって、日常生活で文章に出会ったとき自分から力をつけていくことができるだろう。文章を書いたり読んだりすることに抵抗を感じなくなるだろう。本書が一つのエンジンとなって自ら文章の森を進んでいくことができるだろう。本書がそのような役割を果たすことを望んでいる。

なお、本書の成立にあたって、幻冬舎の多くの方々の助力を仰いだ。お名前は挙げないが、幻冬舎大学を企画・運営してくださった方々、本書を編集してくださった方々にこの場を借りて御礼申し上げる。

2019年11月

樋口裕一

著者略歴

樋口裕一《ひぐちゆういち》

一九五一年、大分県生まれ。

早稲田大学第一文学部卒業後、立教大学大学院博士後期課程満期退学。

フランス文学、アフリカ文学の翻訳家として活動するかたわら、
受験小論文指導の第一人者として活躍。

現在、多摩大学名誉教授、東進ハイスクール講師。

通信添削による作文・小論文の専門塾「白藍塾」塾長。

ＭＪ日本語教育学院学院長。

二五〇万部の大ベストセラーとなった『頭がいい人、悪い人の話し方』（ＰＨＰ新書）のほか、

『65歳　何もしない勇気』（幻冬舎）、『笑えるクラシック』（幻冬舎新書）

など著書多数。

幻冬舎新書 575

「頭がいい」の正体は読解力

二〇一九年十一月三十日　第一刷発行
二〇二五年 七 月二十日　第八刷発行

著者 樋口裕一

発行人 志儀保博
編集人 小木田順子
発行所 株式会社 幻冬舎
〒一五一－〇〇五一 東京都渋谷区千駄ヶ谷四－九－七
電話 〇三－五四一一－六二一一(編集)
〇三－五四一一－六二二二(営業)
公式HP https://www.gentosha.co.jp/
ブックデザイン 鈴木成一デザイン室
印刷・製本所 中央精版印刷株式会社

Printed in Japan ISBN978-4-344-98577-3 C0295
ひ-2-2

*この本に関するご意見・ご感想は、左記アンケートフォームからお寄せください。
https://www.gentosha.co.jp/e/

幻冬舎新書

近藤勝重
なぜあの人は人望を集めるのか
その聞き方と話し方

人望がある人とはどんな人か？　その人間像を明らかにし、その話し方などを具体的なテクニックにして伝授。体験を生かした説得力ある語り口など、人間関係を劇的に変えるヒントが満載。

近藤勝重
書くことが思いつかない人のための文章教室

ネタが浮かばないときの引き出し方から、共感を呼ぶ描写法、書く前の構成メモの作り方まで、すぐ使える文章のコツが満載。例題も豊富に収録、解きながら文章力が確実にアップする！

近藤勝重
必ず書ける「3つが基本」の文章術

文章を簡単に書くコツは「3つ」を意識すること。これだけで短時間のうちに他人が唸る内容に仕上げることができる。本書では今すぐ役立つ「3つ」を伝授。名コラムニストがおくる最強文章術！

伊藤真
説得力ある伝え方
口下手がハンデでなくなる68の知恵

相手を言い負かすのではなく、納得した相手に自発的に態度や行動を変えてもらうのが「説得する」ということ。カリスマ塾長・経営者・弁護士として多くの人の心を動かしてきた著者がその極意を伝授。

山本多津也
読書会入門
人が本で交わる場所

本の感想を複数人で語り合う「読書会」は、一人の読書よりもメリットが多い。他人と語り合うことで本の内容がしっかり自分の血肉となる。日本最大規模の読書会主宰者がその醍醐味を伝授。

丹羽宇一郎
死ぬほど読書

「どんなに忙しくても、本を読まない日はない」――伊藤忠商事前会長で、元中国大使が明かす究極の読書論。「いい本を見抜く方法」「頭に残る読書ノート活用術」等々、本の楽しさが二倍にも三倍にもなる方法を指南。

出口治明
本物の教養
人生を面白くする

教養とは人生を面白くするツールであり、ビジネス社会を生き抜くための最強の武器である。読書・人との出会い・旅・語学・情報収集・思考法等々、ビジネス界きっての教養人が明かす知的生産の全方法。

梶谷真司
考えるとはどういうことか
0歳から100歳までの哲学入門

ひとり頭の中だけでモヤモヤしていてもダメ。考えることは、人と問い語り合うことから始まる。その積み重ねが、あなたを世間の常識や不安・恐怖から解放する――生きることそのものとしての哲学入門。

幻冬舎新書

和田秀樹
バカとは何か

他人にバカ呼ばわりされることを極度に恐れる著者による、バカの治療法。最近、目につく周囲のバカを、精神医学、心理学、認知科学から診断し、処方箋を教示。脳の格差社会化を食い止めろ！

和田秀樹
感情バカ
人に愚かな判断をさせる意識・無意識のメカニズム

感情が過剰になり理性とのバランスを失うと、知的な人でも愚かな判断をする「感情バカ」になる。意識・無意識の感情が判断をゆがませる仕組みを解き明かし、感情で苦しまない・損しない生き方をアドバイス。

野瀬泰申
文学ご馳走帖

志賀直哉『小僧の神様』で小僧たちが食べた「すし」とは？　夏目漱石『三四郎』が描く駅弁の中身とは？……文学作品を手がかりに、日本人の食文化がどう変遷を遂げてきたかを浮き彫りにする。

橋本治
精読　学問のすゝめ

この本は「新時代に必要な学問はこれ！」と諭吉が教えるノウハウ本ではありません。では何が書かれているのか。読み継がれる理由とは。秘密はすべて初編にあり、と看破した型破りな解説本。